CHARLY TILL

AUFSTRICHE
AUS DEM THERMOMIX®

DIE 75 BESTEN REZEPTE

TM5
&
TM31

riva

Bibliografische Information der Deutschen Nationalbibliothek
Die Deutsche Nationalbibliothek verzeichnet diese Publikation in der Deutschen Nationalbibliografie. Detaillierte bibliografische Daten sind im Internet über https://dnb.de abrufbar.

Für Fragen und Anregungen
info@m-vg.de

Wichtige Hinweise
Sämtliche Inhalte dieses Buches wurden – auf Basis von Quellen, die der Autor und der Verlag für vertrauenswürdig erachten – nach bestem Wissen und Gewissen recherchiert und sorgfältig geprüft. Alle Rezepte in diesem Buch wurden für den Thermomix® TM5 entwickelt und mit diesem getestet. Bitte beachten Sie: Der Mixtopf des Thermomix® TM5 ist größer als der des TM31 (Kapazität von 2,2 Litern anstatt 2,0 Liter beim TM31). Daher dürfen aus Sicherheitsgründen die Rezepte aus diesem Buch nur dann mit dem TM31 nachgekocht werden, wenn die Mengen angepasst wurden. Achten Sie auf die Füllstandsmarkierungen und überschreiten Sie die maximale Füllmenge nicht. Der Verlag und der Autor haften für keine nachteiligen Auswirkungen, die in einem direkten oder indirekten Zusammenhang mit den Informationen stehen, die in diesem Buch enthalten sind. Thermomix® ist ein eingetragenes Warenzeichen der Vorwerk & Co. KG. Diese Publikation ist kein offizielles Lizenzprodukt der Vorwerk & Co. KG.

Ausschließlich zum Zweck der besseren Lesbarkeit wurde auf eine genderspezifische Schreibweise sowie eine Mehrfachbezeichnung verzichtet. Alle personenbezogenen Bezeichnungen sind somit geschlechtsneutral zu verstehen.

Originalausgabe
10. Auflage 2026

Türkenstraße 89, 80799 München
Tel.: 089 651285-0

Redaktion: Caroline Kazianka
Umschlaggestaltung: Laura Osswald
Umschlagabbildungen: Tatiana Vorona/Shutterstock.com (Räucherforellencreme); sarsmis/Shutterstock.com (Meerrettich-Frischkäse); MaraZe/Shutterstock.com (gemischte Aufstriche); stockcreations/Shutterstock.com (Bruschetta-Aufstrich); Peredniankina/Shutterstock.com (Frischkäse-Aufstrich)
Satz: inpunkt[w]o, Haiger (www.inpunktwo.de)
Druck: Florjancic Tisk d.o.o., Slowenien
Printed in the EU

ISBN Print 978-3-7423-0165-9
ISBN E-Book (PDF) 978-3-95971-616-1
ISBN E-Book (EPUB, Mobi) 978-3-95971-615-4

PRODUZIERT MIT VERANTWORTUNG

Weitere Informationen zum Verlag finden Sie unter

www.rivaverlag.de

Beachten Sie auch unsere weiteren Verlage unter www.m-vg.de

INHALT

Vorwort ... 6
Verwendete Abkürzungen ... 7
Tipps für den Umgang mit dem Thermomix® ... 8

Basics ... 9

Selbst gemachte Butter ... 10
Tahini-Sesampaste ... 11
Knoblauchpaste ... 12
Chilipaste ... 12

Vegetarisch und vegan ... 13

Kokos-Minze-Ingwer-Paste ... 14
Cashewfrischkäse ... 14
Rote-Bete-Hummus ... 15
Paprika-Parmesan-Tomaten-Creme ... 16
Pastinako ... 17
Auberginen-Creme ... 18
Bruschetta ... 19
Famoser Gemüseaufstrich ... 20
Vegetarische Leberwurst ... 22
Guacamole ... 23
Pilzcreme mit Pinienkernen ... 24
Linsenpaté ... 25
Röstpaprika-Creme mit Kichererbsen ... 26

Frischkäse, Joghurt und Quark ... 27

Kartoffelaufstrich ... 28
Mexikanischer Käse-Aufstrich ... 29
Walnuss-Paprika-Aufstrich ... 29
Gorgonzola-Aufstrich ... 30
Paprika-Meerrettich-Aufstrich ... 30

Frischkäse-Kräuter-Creme 31
Kleiner Teufel 31
Aufstrich Liptauer Art 32
Bayerischer Obatzter 33
Eiercreme 34
Meerrettich-Frischkäse 35
Schinkenquark 36

Fleisch und Wurst 37

Bacon Jam 38
Wurstaufstrich mit Mais 39
Belgischer Brotaufstrich 39
Kalbsleberwurst 40
Chicken-Curry-Aufstrich 42
Teewurst 43
Schmalzfleischtöpfle 44
Geflügelleberpaté mit Aprikosen 46

Fisch 47

Flusskrebs-Zitronen-Pastete 48
Thunfisch-Avocado-Creme 49
Lachsaufstrich 50
Räucherforellencreme 50
Makrelen-Meerrettich-Creme 51
Surimi mit Birne 52
Garnelenpaste 53
Sardellen-Knoblauch-Butter 54
Garnelen-Mango-Aufstrich 55
Lachs-Krabben-Mousse 56

Süßes für Schleckermäuler 57

Erdnuss-Schoko-Honig-Aufstrich 58
Coconut-Dream 58
Einfache Karamellcreme 59
Maronibutter 59
Studentenfutter-Aufstrich 60
Pistazien-Kokos-Butter 60
Dattel-Maroni-Creme 61

Schoko küsst Mandel 61
Schnelle Schokocreme 62

Butter, Fruchtbutter und Nussbutter 63

Erdnussbutter 64
Cashewbutter 65
Mandelbutter 66
Zitronen-Mandel-Butter 68
Apfelbutter 69
Bärlauchbutter 70
Chili-Koriander-Butter 71
Zitronen-Passionsfrucht-Butter mit Thymian 72
Sesambutter 74
Knoblauchbutter 75
Rotwein-Zwiebel-Butter 76

Fünf-Sekunden-Stufe-Fünf-Aufstriche: Extrafix! 77

Kokosnuss-Avocado-Aufstrich 78
Ein Käse steht im Walde 78
Mapama-Aufstrich (Mango-Paprika-Mascarpone) 79
Mandarinen-Frischkäse 80
Scharfe Dattel 80
Guko-Aufstrich 81
Red Sonja 82
Schokofee-Aufstrich 83
Espresso on tour 84
Quark liebt Honig 85
Schafskäse-Allerlei 86

Brot 87

Kastenweißbrot 88
Brötchen 89
Dinkelbaguettes 90
Eiweißbrot 92
Rosmarin-Ciabatta 94

Vorwort

Mal ganz ehrlich: Gibt es etwas Besseres als eine Stulle für den Hunger zwischendurch? Und die am besten mit einem von unseren selbst gemixten Aufstrichen! Egal, ob mit Käse, vegetarisch, mit Fleisch, Wurst, Fisch oder ausgefallen für Schleckermäuler – eines haben sie alle gemeinsam: Sie sind schnell gemacht, preiswert und schmecken supergut.

Lassen Sie die Supermarktregale mit den ewig gleichen eintönigen Brotaufstrichen in der Minipackung mit vielen Zusatzstoffen links liegen! Fernsehabend mit Fertigpizza oder Lieferservice – vergessen Sie das! Besser, Sie stellen sich schnell an Ihren Thermomix® und mischen sich etwas Leckeres zusammen. Ab in eine Schüssel, und schon haben Sie etwas Köstliches zum Dippen – vielleicht noch selbst gebackenes Brot dazu, fertig! Ein Grillabend mit Freunden? Was passt da besser als ein paar Aufstriche, die schmecken auch als Dip zum Fleisch. Sonntagmorgenfrühstück mit dem Partner? Mit einer feinen Karamellcreme beginnt der Tag gleich noch mal schöner.

Und als Krönung das »Untendrunter«: duftendes, frisches, selbst gebackenes Brot ohne künstliche Zutaten und Geschmacksverstärker – einfach herrlich! Ganz ehrlich, wer sein Brot einmal selbst gebacken hat, wird nur mehr schwer davon abzubringen sein. Und Variationen gibt es viele – einfach ein paar Gewürze dazugeben, die Form verändern, unterschiedliche Mehle verwenden ...

Jetzt aber los: Ran an den Mixer!

Ihr
Charly Till

Verwendete Abkürzungen

In den angegebenen Rezepten werden folgende Kürzel und Begriffe verwendet:

TM	Thermomix® (gemeint ist dabei der Mixtopf)
MB	Messbecher (durchsichtiger Innendeckel zum Abdecken und Abmessen) Inhalt 1 MB = 100 ml, ½ MB = 50 ml (gekennzeichnet mit einem Rand)
Mixtopf	Koch- und Mixbehälter des Thermomix®
Mixbecher	= Mixtopf
Stufe ...	Rührstufe (Drehgeschwindigkeit)
Linkslauf	Schalter zum Umstellen von Zerkleinern (Mixen, Pürieren) auf Vermischen (Aufschlagen, Verrühren)
Spateln	Die Verwendung eines Küchenspatels, mit dem Zerkleinertes im Mixtopf nach unten geschoben wird, wird der Einfachheit halber als »Spateln« bezeichnet

Für den TM31 sind die Angaben in Klammern angegeben, z. B.: (**TM31: 5 Min./Varoma/Stufe1/ohne MB**)

Tipps für den Umgang mit dem Thermomix®

1. Allererstes Gebot: Mixtopf und Deckel nach der Benutzung sofort auswaschen!
2. Die eingebaute Waage ist nicht immer ganz genau. Wenn die exakte Menge besonders wichtig ist (zum Beispiel zum Abwiegen von Gewürzen oder für Backwaren) oder es um Mengen unter 5 g geht, empfehle ich eine externe Digitalwaage.
3. Klebrige Teigreste oder fettige Speisereste entfernt man am einfachsten, indem man erst die Reste **10 Sek./Stufe 10/mit MB (TM31: 10 Sek./Turbotaste/mit MB)** herausschleudert. Wenn das noch nicht reicht, wiegt man 1000 g Wasser ein und mixt **30 Sek./ 10 Stufe 10/mit MB**. Dann 4 Tropfen Spülmittel sowie 1 l Wasser in den Mixtopf füllen und diesen **4 Min./60 °C/Stufe 5–6** rühren lassen. Wenn Schaum hochsteigt, auf Stufe 2 reduzieren. Meist ist der Mixtopf dann auch schon sauber und muss nur nachgespült und getrocknet werden.
4. Kochzeiten können ebenso wie Rührzeiten variieren: Da wir mit Naturprodukten hantieren, haben diese zum Beispiel einen unterschiedlichen Wasser-, Zucker oder Stärkegehalt. Also kann es durchaus vorkommen, dass Gerichte entweder ein wenig kürzer oder auch länger gekocht/gerührt werden müssen.
5. Den Messbecher immer in Reichweite legen, die Anschaffung eines zweiten ist nicht teuer und lohnt sich!
6. Wird Backpapier zum Auslegen von Formen (z. B. beim Schmalzfleischtöpfle von Seite 44 und Eiweißbrot von Seite 92) verwendet, dann vorher anfeuchten, es lässt sich so besser in Form bringen.
7. Unliebsame Gerüche entfernen:
8. Besonders der Geruch von Knoblauch, Zwiebeln und Fisch ist recht hartnäckig. Um ihn zu beseitigen, gibt man einen kräftigen Schuss Essigessenz mit 3 Tropfen Spülmittel und 700 g Wasser in den Mixtopf und lässt ihn **10 Min./80 °C/Stufe 4/mit MB** laufen. Dann gründlich ausspülen.
9. Eine gute Methode zum Trocknen und zum Neutralisieren von Gerüchen: ⅓ Tasse Kaffeebohnen in den Mixtopf geben und **1 Min./Stufe 10/mit MB** mahlen.

BASICS

Viele Aufstriche sind vielseitig verwendbar, nicht nur einfach auf Brot: zu rohem oder gedünstetem Gemüse, gegrilltem, gebratenem oder kaltem Fleisch und ebenso zu Krustentieren.

Am besten werden die Aufstriche im Kühlschrank in verschließbaren Dosen aufbewahrt. Sie halten sich dann 3–5 Tage, im Sommer eventuell auch etwas kürzer. Zum Einfüllen der Aufstriche ist ein Marmeladentrichter hilfreich. Der ist schön breit und die Masse gelangt ohne Kleckern dorthin, wo sie hin soll.

Wird Knoblauch verwendet, sollten Sie Knollen aus Deutschland, Frankreich, Spanien, Italien oder Ungarn kaufen, von chinesischen rate ich ab. Bekommt er schon grüne Triebe, ist er für die Pasten nicht mehr geeignet.

Auch Zwiebeln sollten immer frisch sein. Alte Zwiebeln, die schon austreiben, schmecken nicht mehr wirklich gut und können Blähungen verursachen.

Für einige Aufstriche verwenden wir vorbereitete Basis-Pasten. Sie sind ideal zum schnellen Würzen und einfach nur lecker – sogar »solo« auf dem Brot!

Selbst gemachte Butter

Zutaten für 200 g

400 g Schlagsahne, gekühlt
1 Prise Salz
1 TL Zitronensaft
1 MB eiskaltes Wasser

1. Mixtopf mit kaltem Wasser kühlen. Rühraufsatz auf das Messer stecken.
2. Sahne, Salz und Zitronensaft in den Mixtopf geben und **5 Min./Stufe 4/ mit MB** rühren.
3. Buttermilch abschütten, kalt stellen und bald genießen, schmeckt sehr lecker.
4. Wasser zugeben, nochmals **1 Min./Stufe 4/mit MB** mixen.
5. Mit dem Spatel die Butter in doppelt gelegtes Butterbrotpapier streichen. Über der Spüle zusammenkneten, überschüssiges Wasser wird somit ausgepresst.
6. Butter zu einer Rolle formen und kalt stellen. Am besten bald verbrauchen (wird eh nicht alt, wenn Sie sie erst einmal probiert haben).

Für Kräuterbutter ganz einfach noch gehackte Kräuter mit dem Spatel in die Butter rühren, Masse auf Klarsichtfolie bringen, einrollen, zu einer Wurst formen und dann in den Kühlschrank stellen.

Tahini-Sesampaste

Zutaten für 300 g

250 g Sesam
80 g Sesamöl
½ TL Salz

1. Sesamkörner 3–5 Minuten in einer Pfanne ohne Fett bei etwa 160 °C rösten, mit einem Kochlöffel rühren, bis die Sesamkörner dunkler werden und zu duften beginnen. Vorsicht, die Körner springen in der Pfanne umher!
2. Den gerösteten Sesam dann in den Mixtopf umfüllen und **30 Sek./Stufe 7/mit MB** hacken und spateln.
3. Das Sesamöl zugeben, **10 Sek./Stufe 7/ohne MB** mischen.
4. Zur Konservierung das Salz dazugeben, **15 Sek./Stufe 7 /ohne MB**, spateln und nochmals **15 Sek. /Stufe 7 /ohne MB** mischen bzw. so lange, bis die gewünschte Konsistenz erreicht ist (zwischendurch immer alles mit dem Spatel nach unten schieben).
5. Paste in ein verschließbares Glas abfüllen, im Kühlschrank lagern und zeitnah verwenden.
6. Für eine längere Lagerung muss die Paste immer mit Sonnenblumenöl bedeckt sein.

Die Tahini-Paste kommt z. B. bei der klassischen Hummuszubereitung zum Einsatz sowie beim Kochen von Currys und Eintöpfen, schmeckt aber auch pur als Dip oder auf Brot.

Knoblauchpaste

Zutaten für ca. 250 g

4 frische Knoblauchknollen
120 g Sonnenblumenöl
½–1 TL Salz

Nach der Zubereitung den Mixtopf gründlich vom Knoblauchgeruch befreien: 1000 g Wasser mit 10 Tropfen gutem Spülmittel **10 Min./Stufe 4/mit MB** rühren. Mit klarem Wasser gut nachspülen, Vorgang eventuell wiederholen.

1. Den Rühraufsatz einsetzen.
2. Von den Knoblauchknollen oben und unten Stielansatz und Wurzel abschneiden, dann die einzelnen Knoblauchzehen in den Mixtopf geben und **1 Min./Linkslauf/Stufe 4/mit MB** rühren.
3. Die Knoblauchzehen auf ein Holzbrett schütten und die schon abgelöste Knoblauchhaut ganz entfernen. Die Haut lässt sich nun gut abziehen.
4. Die geschälten Zehen in den Mixtopf geben, Sonnenblumenöl und Salz dazugeben, **5 Sek./Stufe 5/mit MB** rühren und spateln.
5. Dann alles **40 Min./80 °C/Stufe 1/Linkslauf/ohne MB** erhitzen.
6. Paste in Schraubgläser abfüllen.
7. Haltbarkeit: im Kühlschrank ca. 2 Monate. Die Knoblauchhäcksel müssen immer mit Öl bedeckt sein, bei Bedarf etwas nachfüllen!

Die leckere Knoblauchpaste kann für viele Aufstriche eingesetzt werden, und man spart so viel Zeit, weil man nicht mehr eigens Knoblauchzehen schälen muss. Da Olivenöl beim Kochen grünlich wird und dann bitter schmeckt, verwende ich lieber Sonnenblumen- oder Erdnussöl.

Chilipaste

Zutaten für ca. 250 g

80 g Chilimischung (frische Chilis)
150 g Sonnenblumenöl
1 TL Salz

1. Chilis putzen, waschen und Kerne entfernen (wer es nicht extrem scharf haben will). Eventuell Handschuhe als Schutz verwenden!
2. Die Chilis dann in den Mixtopf geben, **10 Sek./Stufe 5/mit MB** rühren, dann spateln.
3. Öl und Salz zugeben, **40 Min./80 °C/Stufe 3/Linkslauf/ohne MB** erhitzen.
4. Paste in kleine Gläser abfüllen und kühl lagern. Hält sich mehrere Monate.

Chilipaste kann überall dort eingesetzt werden, wo auch Knoblauchpaste verwendet wird. Allerdings nur, wenn man es scharf mag.

VEGETARISCH UND VEGAN

Kokos-Minze-Ingwer-Paste

Zutaten für 250 g

- 1 kleiner Bund frische Minze
- 10 g Ingwer
- 1 EL Limettensaft
- 200 g Kokosflocken
- 400 ml Kokosmilch
- 1 TL brauner Zucker
- ¼ TL Chilipulver

1. Minze waschen, trocken schütteln, Blätter abzupfen, grob zerschneiden und in den Mixtopf geben.
2. Ingwer schälen, in Stücke schneiden. Mit dem Limettensaft in den Mixtopf geben, alles **5 Sek./Stufe 5/mit MB** hacken.
3. Kokosflocken, Kokosmilch, Zucker und Chilipulver zugeben und alles **15 Sek./Stufe 6/mit MB** mixen.
4. Paste in verschließbare Dosen oder Gläser abfüllen.

Cashewfrischkäse

Zutaten für 350 g

- 250 g Cashewkerne
- 100 g Banane
- 150 g Kokosmilch
- 2 TL Zitronensaft

1. Cashewkerne im Mixtopf **10 Sek./Stufe 10/mit MB** hacken.
2. Banane schälen, in Stücke schneiden.
3. Banane, Kokosmilch und Zitronensaft zu den Cashewkernen geben und alles **10 Sek./Stufe 7/mit MB** mixen, nach Belieben spateln und Vorgang wiederholen.
4. Paste in verschließbare Dosen oder Gläser abfüllen.

Rote-Bete-Hummus

Zutaten für 250 g

1 Glas Kichererbsen (Abtropfgewicht 220 g)
100 g gekochte Rote Bete
10 g Ingwer
1 EL Tahini-Sesampaste (siehe Seite 11)
1 EL Zitronensaft
1 EL Knoblauchpaste (siehe Seite 12)
¼ TL Kreuzkümmel
1 Prise Chilipulver
½ TL Salz
¼ TL Pfeffer
1 EL Zucker
1 EL Sonnenblumen- oder Olivenöl
1 TL Sesam
evtl. frische Kräuter zum Bestreuen

Variante:
1 EL Korianderblätter mit den anderen Zutaten hacken

1. Kichererbsen durch ein Sieb abgießen, mit Wasser abspülen, abtropfen lassen und dann in den Mixtopf geben.
2. Rote Bete klein würfeln, ebenfalls in den Mixtopf füllen.
3. Ingwer schälen und klein schneiden. Mit den restlichen Zutaten (abgesehen von Öl und Sesam) zugeben und alles **10 Sek./Stufe 8/mit MB** hacken. Spateln und Vorgang wiederholen.
4. Paste in verschließbare Dosen oder Gläser abfüllen.
5. Vor dem Servieren etwas Öl, frische Kräuter und Sesamsamen über die Paste streuen.

Die Creme passt besonders gut zu hellen Brotsorten, Sesamstangen und Fladenbrot.

Im Kühlschrank ist sie 3-4 Tage haltbar. Wird sie am Vortag zubereitet und kann etwas durchziehen, schmeckt sie noch besser.

Paprika-Parmesan-Tomaten-Creme

Zutaten für 500 g

200 g Parmesan
200 g rote Paprika
125 g getrocknete Tomaten
50 g Aceto Balsamico
4 EL Knoblauchpaste (siehe Seite 12)
oder 3 EL Chilipaste (siehe Seite 12)
50 g Olivenöl
1 TL Honig
¼ TL Salz
¼ TL Pfeffer

1. Den Parmesan in 2 cm große Würfel schneiden und in den Mixtopf geben, **10 Sek./Stufe 10/mit MB** hacken, spateln, dann **10 Sek./Stufe 7/mit MB** mahlen.
2. Paprika putzen, waschen und in Stücke schneiden.
3. Paprika und die restlichen Zutaten zum Parmesan geben, **15 Sek./Stufe 6/mit MB** mixen, spateln, danach **15 Sek/Stufe 5/mit MB** rühren.
4. Paste in verschließbare Dosen oder Gläser abfüllen.

Schmeckt besonders auf Weißbrot sehr fein.

Im Kühlschrank aufbewahrt hält die Paste bis zu 1 Woche.

Nach einem Tag schmeckt die Creme noch besser.

Pastinako

Zutaten für 500 g

75 g Sonnenblumenkerne
30 g Sonnenblumenöl
400 g Pastinaken
100 g Paprika
100 g Zwiebel
1 EL Knoblauchpaste (siehe Seite 12)
1 EL Tomatenmark
1 EL Zitronensaft
½ TL Salz
1 TL Pfeffer

1. Sonnenblumenkerne und Sonnenblumenöl im Mixtopf **10 Min./120 °C/ Stufe 1/ohne MB** rösten. Anschließend **10 Sek./Stufe 6 mit MB** mahlen.
2. Pastinaken waschen, schälen, in Stücke schneiden.
3. Paprika putzen und waschen. Zwiebel schälen und beides grob in Stücke schneiden.
4. Vorbereitetes Gemüse mit der Knoblauchpaste, dem Tomatenmark, Zitronensaft, Salz und Pfeffer in den Mixtopf geben und **15 Sek./Stufe 6/mit MB** mischen. Dann **10 Min./120 °C/Sanftrührstufe/mit MB** kochen.
5. Creme in verschließbare Dosen oder Gläser abfüllen und abgekühlt servieren.

Die Paste schmeckt auch gut mit etwas Chili- oder Paprikapulver, Thymian, Smoked Curry oder Curry verfeinert. Wer es schärfer mag, gibt etwas von der Chilipaste (siehe Seite 12) dazu.

Auberginen-Creme

Zutaten für 500 g

2 Auberginen
4 Knoblauchzehen
125 g getrocknete Tomaten
1 EL Knoblauchpaste (siehe Seite 12)
200 g Schafskäse
150 g griechischer Joghurt
1 TL Oregano, getrocknet
1 TL Thymian, getrocknet
½ TL Kräutersalz
¼ TL Pfeffer

1. Backofen auf 200 °C Ober-/Unterhitze vorheizen.
2. Auberginen putzen, waschen, halbieren und mit einer Gabel mehrmals einstechen.
3. Knoblauch schälen, in Scheiben schneiden. Ein Backblech mit Backpapier belegen, die Knoblauchscheiben darauf verteilen. Die Auberginenhälften mit der Schnittseite nach unten auf den Knoblauch legen. Blech in den vorgeheizten Ofen schieben und Auberginen 45 Minuten weich garen.
4. Die getrockneten Tomaten und die Knoblauchpaste in den Mixtopf geben, **8 Sek./Stufe 5/mit MB** hacken, spateln, Vorgang wiederholen.
5. Die Auberginen aus dem Backofen nehmen und etwas auskühlen lassen. Mit einem Esslöffel dann das Auberginenfleisch aus der Schale kratzen und in den Mixtopf geben.
6. Schafskäse würfeln und mit den restlichen Zutaten in den Mixtopf geben und **10 Sek./Stufe 5/mit MB** cremig mixen.
7. Paste in verschließbare Dosen oder Gläser abfüllen und im Kühlschrank mindestens 1 Stunde lang durchziehen lassen.

Bruschetta

Zutaten für 400 g
35 g Parmesan
2 Zwiebeln
1 EL Knoblauchpaste (siehe Seite 12)
500 g aromatische Tomaten
20 Blätter Basilikum
30 g Olivenöl
½ TL Salz
1 Prise Pfeffer
4 entsteinte Oliven

1. Parmesan im Mixtopf **10 Sek./Stufe 6/mit MB** mahlen, dann in eine Schüssel umfüllen.
2. Zwiebeln schälen, vierteln und mit der Knoblauchpaste in den Mixtopf geben, **5 Sek./Stufe 5/mit MB** hacken, spateln und Vorgang wiederholen.
3. Tomaten waschen, halbieren, Stielansatz entfernen und Kerne mit einem Löffel herausheben. Fruchtfleisch in den Mixtopf geben.
4. Basilikum waschen, trocken schütteln und die Hälfte mit einer Schere klein schneiden und dazugeben.
5. Olivenöl, Parmesan, Salz und Pfeffer zugeben, alles **10 Sek./Stufe 5/mit MB** hacken. Oliven in Scheiben schneiden und mit dem Spatel unterrühren.
6. Tomatengemisch auf geröstete Brotscheiben geben und mit dem restlichen Basilikum garniert sofort verzehren oder in ein Schraubglas abfüllen und in den Kühlschrank stellen. Nicht länger als 2 Tage aufbewahren.

Wenn der Tomatenbelag noch zu viel Flüssigkeit enthält, diese vorsichtig (evtl. durch ein Sieb) abgießen. Erst dann abfüllen oder für die Bruschetta auf geröstetes Brot geben.

Schmeckt besonders gut in Kombination mit Guacamole (siehe Seite 23).

Famoser Gemüseaufstrich

Zutaten für 400 g

60 g gemischte Kerne
2 EL Sonnenblumenöl
150 g Zwiebeln
1 TL Tomatenmark
230 g Möhren und Erbsen im Glas
3–4 Stängel Petersilie
1 EL Zitronensaft
1 Prise Chilipulver
¼ TL Salz

1. Die gemischten Kerne und das Sonnenblumenöl im Mixtopf **5 Min./120 °C/Stufe 1/ohne MB (TM31: 5 Min./Varoma/Stufe 1/ohne MB)** anrösten, dann in eine Schüssel umfüllen.
2. Die Zwiebeln schälen und vierteln, im Mixtopf **5 Sek./Stufe 5/mit MB** hacken, spateln, dann **5 Min./Varoma/Stufe 1/ohne MB** andünsten.
3. Die gerösteten Kerne und das Tomatenmark dazugeben und alles **5 Min./Varoma/Stufe 1/ohne MB** dünsten.
4. Das Möhren-Erbsen-Gemüse durch ein Sieb abgießen, abtropfen lassen und in den Mixtopf geben.
5. Petersilie waschen, trocken schütteln, mit einer Schere klein schneiden und mit den restlichen Zutaten zugeben. Alles **10 Sek./Stufe 5/mit MB** mixen.
6. Aufstrich in verschließbare Dosen oder Gläser abfüllen.

Vegetarische Leberwurst

Zutaten für ca. 500 g

100 g Grünkern
150 g Zwiebeln
1 EL Knoblauchpaste (siehe Seite 12)
200 g weiche Butter
1 TL Räuchersalz
1 TL Majoran, getrocknet
½ TL Thymian, getrocknet
1 TL Gemüsebrühpulver
½ Würfel Frischhefe, 21 g
½ TL Pfeffer
20 g Zitronensaft
2 MB Wasser

Vegane Variante:

Butter gegen 150 g Kokosfett austauschen

Wer Zwiebeln und Knoblauch nicht so stark angedünstet mag, kann sie auch nur **5 Min./Varoma/Sanftrührstufe/ohne MB** garen.

1. Den Grünkern in den Mixtopf geben und **15 Sek./Stufe 10/mit MB** hacken, dann in eine Schüsssel umfüllen.
2. Zwiebeln schälen, vierteln und mit der Knoblauchpaste in den Mixtopf geben, **3 Sek./Stufe 6/mit MB** hacken, spateln.
3. Die Hälfte der Butter zugeben und **10 Min./Varoma/Sanftrührstufe/ohne MB** garen.
4. Den gemahlenen Grünkern, Räuchersalz, Majoran, Thymian, Gemüsebrühpulver, Hefe, Pfeffer, Zitronensaft und Wasser zugeben. Nochmals **5 Min./Stufe 2/Varoma/ohne MB** kochen.
5. Masse 10 Minuten lang im Mixtopf quellen lassen.
6. Die restliche Butter in kleinen Stücken in den Mixtopf geben und **20 Sek./Stufe 3/ohne MB** mischen.
7. Den Aufstrich in verschließbare Dosen oder Gläser abfüllen und in den Kühlschrank stellen.

Aufstrich im Kühlschrank einige Stunden ziehen lassen. Schmeckt besonders lecker zu unserem selbst gebackenen Kastenweißbrot (siehe Seite 88).

Guacamole

Zutaten für 400 g

4 Avocados (entkernt 400 g)
1 TL Salz
2 TL brauner Zucker
10 g Knoblauchpaste (siehe Seite 12)
40 g Olivenöl
30 g Zitronensaft

Varianten:

50 g Zwiebelstücke mithacken
50 g Tomatenstücke untermischen
1 EL Chilipaste (siehe Seite 12) zugeben

1. Die Avocados längs halbieren, Kerne entfernen. Fruchtfleisch mit einem Löffel aus der Schale heben und mit den restlichen Zutaten im Mixtopf **10 Sek./ Stufe 5/mit MB** mixen.
2. Guacamole schmeckt am besten frisch, lagert man sie länger, verfärbt sie sich unschön.

Ideal als Dip zu Tortilla-Chips und Grillfleisch oder gegrilltem Gemüse.

Pilzcreme mit Pinienkernen

Zutaten für 300 g

250 g braune Champignons
1 Zwiebel
50 g Sonnenblumenöl
100 g Pinienkerne
Pfeffer
Salz
etwas frischer Schnittlauch

1. Die Champignons mit einer Bürste säubern, Stielansatz herausdrehen (wird nicht verarbeitet). Zwiebel schälen, vierteln und beides in den Mixtopf geben, **5 Sek./Stufe 5/mit MB** hacken.
2. Sonnenblumenöl zuschütten und **20 Min./Varoma/Sanftrührstufe/ohne MB** rühren.
3. Pinienkerne zugeben, alles **5 Sek./Stufe 5/mit MB** mixen.
4. Creme nach Geschmack salzen und pfeffern, in ein verschließbares Glas füllen und im Kühlschrank durchziehen lassen.
5. Schnittlauch waschen, trocken schütteln und in feine Röllchen schneiden. Brote mit dem Aufstrich bestreichen und mit Schnittlauch bestreuen.

Linsenpaté

Zutaten für 400 g
120 g Linsen
50 g Zwiebel
1 Knoblauchzehe
50 g Butter
1 kleine Pastinake (60 g)
1 TL Gemüsebrühpulver hefefrei Oder Gemüsegrundstock
1 MB Wasser
1 EL frische Kräuter (Petersilie, Basilikum, Liebstöckel)
1 kleiner Zweig Rosmarin
1 TL Paprikapulver
1 Prise Pfeffer

1. Linsen über Nacht oder mindestens 6 Stunden in einer Schüssel mit 1 l warmem Wasser einweichen. Dann durch ein Sieb abgießen.
2. Zwiebel und Knoblauch schälen, Zwiebel vierteln. Beides im Mixtopf **5 Sek./Stufe 5/mit MB** hacken. Butter zugeben und alles **5 Min./Varoma/Stufe 1/ohne MB** dünsten.
3. Pastinake putzen, schälen, klein würfeln. Mit dem Gemüsebrühpulver, dem Wasser und den abgetropften Linsen in den Mixtopf geben. **10 Min./100 °C/Stufe 1.5/mit MB** kochen.
4. Kräuter waschen, trocken schütteln, hacken, mit dem klein geschnittenen Rosmarin, Paprikapulver und Pfeffer zugeben und alles **5 Sek./Stufe 7/mit MB** pürieren, spateln und Vorgang wiederholen.
5. Paste in verschließbare Dosen oder Gläser abfüllen.

Wer sich mit der braunen Farbe der Linsen und dementsprechend auch des Aufstrichs so gar nicht anfreunden kann, nimmt einfach gelbe oder rote Linsen.

Auch geräuchertes Paprikapulver (Piménton de la Vera) passt gut in diesen Aufstrich, dann aber besser nur ½ TL davon verwenden.

Röstpaprika-Creme mit Kichererbsen

Zutaten für 700 g

800 g rote Paprika
100 g Zwiebel
2 Knoblauchzehen
30 g Olivenöl
100 g Cocktailtomaten
100 g Kichererbsen im Glas
100 g Schafskäse
1 EL frischer Koriander
1 Prise Thymian, getrocknet
5 schwarze Oliven
1 TL Tahini-Sesampaste (siehe Seite 11)
1 TL Paprikapulver
1 Prise geräuchertes Paprikapulver, wenn vorhanden (Piménton de la Vera)
½ TL Pfeffer
1 Prise Chilipulver
½ TL Meersalz

1. Backofen auf 220 °C Ober-/Unterhitze vorheizen.
2. Paprika waschen, halbieren, Kerne und Zwischenhäute entfernen.
3. Ein Backblech mit Backpapier belegen, die Paprikahälften mit der Haut nach oben daraufsetzen und für 40–50 Minuten in den Backofen schieben. Die Haut soll geröstet sein, also zwar dunkel, aber nicht komplett schwarz werden! Paprika aus dem Ofen nehmen und am besten mit einem feuchten Tuch abgedeckt etwas abkühlen lassen, bis man sie schmerzfrei anfassen kann. Dann die Haut abziehen.
4. Zwiebel und Knoblauch schälen, Zwiebel vierteln. Beides im **Mixtopf 5 Sek./Stufe 5/mit MB** hacken und spateln. Olivenöl zugeben und alles **5 Min./Varoma/Stufe 1/ohne MB** dünsten.
5. Cocktailtomaten waschen, halbieren. Kichererbsen in ein Sieb abgießen, mit Wasser abspülen und abtropfen lassen. Schafskäse in Stücke schneiden. Koriander waschen, trocken schütteln und hacken.
6. Tomaten, Kichererbsen, Schafskäse, Koriander und die restlichen Zutaten in den Mixtopf schütten, die abgezogenen Paprika zugeben und alles **5 Sek./Stufe 7/mit MB** hacken. Spateln und Vorgang zweimal wiederholen.
7. Creme in verschließbare Dosen oder Gläser abfüllen. Hält sich im Kühlschrank 3 Tage.

FRISCHKÄSE, JOGHURT UND QUARK

Kartoffelaufstrich

Zutaten für 600 g

- 500 g mehlige Kartoffeln
- 700 g Wasser
- 1 TL Gemüsebrühpulver, hefefrei oder Gemüsegrundstock
- 1 Rosmarinzweig
- 3 Schalotten
- 150 g Sahne
- 100 g Schmand
- 2 TL Paprikapulver
- 1 TL Knoblauchpaste oder Chilipaste (siehe Seite 12)
- 1/4 TL Kräutersalz
- 1/4 TL Pfeffer
- 1/4 TL Muskat
- 1 Prise Salz
- 10 g Zitronensaft

1. Die Kartoffeln waschen, halbieren und in den Gareinsatz geben. In den Mixtopf einsetzen.
2. Wasser, Gemüsebrühpulver und Rosmarinzweig einfüllen und Kartoffeln **25 Min./120 °C/Stufe 1 mit MB (TM31: 25 Min./Varoma/Stufe 1 mit MB)** kochen.
3. Die Kartoffeln nach 25 Minuten anstechen, ob sie weich sind, evtl. nochmals 5 Minuten nachgaren. Dann aus dem Topf nehmen, abkühlen lassen und über Nacht in den Kühlschrank stellen.
4. Schalotten schälen, vierteln, in den Mixtopf geben und **5 Sek./Stufe 5/mit MB** hacken, Vorgang evtl. wiederholen.
5. Die kalten Kartoffeln schälen und zugeben.
6. Sahne, Schmand und Gewürze zugeben und **10 Sek/Stufe 4/mit MB** hacken, dann spateln. Je nachdem, welche Konsistenz gewünscht wird, Vorgang evtl. wiederholen. Der Aufstrich soll cremig sein.
7. Nach Geschmack mit Salz, Pfeffer und Zitronensaft nachwürzen.
8. Aufstrich im Kühlschrank mehrere Stunden lang durchziehen lassen.

Schmeckt nicht nur als Brotaufstrich, sondern auch zu Grillfleisch und Würstchen. Serviert auf Brot mit frischen Kräutern und Tomaten ist er besonders lecker.

Mexikanischer Käse-Aufstrich

Zutaten für 400 g

15 g grüne Chilischoten
70 g Zwiebel
1 TL Knoblauchpaste (siehe Seite 12)
1 TL frischer Koriander
50 g Bier
1 TL Paprikapulver
140 g Cheddar
200 g Schmand
Salz
Pfeffer

1. Chilis putzen und waschen. Wer es nicht so scharf mag, sollte die Chilis zudem entkernen. Zwiebel schälen und vierteln.
2. Die Chilis mit der Zwiebel in den Mixtopf geben und **10 Sek./Stufe 5/mit MB** hacken, dann spateln.
3. Knoblauchpaste zugeben und **10 Min./Varoma/Sanftrührstufe/ohne MB** dünsten.
4. Koriander waschen, trocken schütteln und hacken.
5. Bier und Paprikapulver zugeben und **5 Min./Varoma/Sanftrührstufe 1/ohne MB** kochen.
6. Cheddar-Käse klein schneiden, mit dem Schmand in den Mixtopf geben, **5 Min./95 °C/Sanftrührstufe/ohne MB** rühren, mit Koriander, Salz und Pfeffer abschmecken.

Walnuss-Paprika-Aufstrich

Zutaten für 300 g

50 g Walnüsse
150 g Paprika
30 g Sonnenblumenöl (alternativ Walnussöl)
150 g Frischkäse
1 TL Paprikapulver
1 TL Knoblauchpaste (siehe Seite 12)
½ TL Kräutersalz
¼ TL Pfeffer

1. Die Walnüsse in den Mixtopf geben und **5 Sek./Stufe 5/mit MB** hacken, spateln, Vorgang wiederholen und Nüsse in eine Schüssel umfüllen.
2. Die Paprika waschen, vierteln, putzen, in den Mixtopf geben und **2 Sek./Stufe 5/mit MB** hacken. Öl zugeben und Gemüse **10 Min./Varoma/Linkslauf/Stufe 5/ohne MB** dünsten.
3. Frischkäse, gehackte Walnüsse, Paprikapulver, Knoblauchpaste, Kräutersalz und Pfeffer zugeben und **5 Sek./Stufe 5/mit MB** mischen.

Gorgonzola-Aufstrich

Zutaten für 350 g
50 g Lauchzwiebeln
250 g Speisequark, 20 %
175 g Gorgonzola
½ TL Kräutersalz
¼ TL Pfeffer
etwas Petersilie
2 TL gehackte Walnüsse

1. Lauchzwiebeln putzen, waschen und in dünne Scheiben aufschneiden. Mit dem Quark, Gorgonzola, Kräutersalz und Pfeffer in den Mixtopf geben, dann **3 Sek./Stufe 5/mit MB** rühren.
2. Petersilie waschen trocken schütteln und fein schneiden.
3. Aufstrich aus dem Mixtopf in eine Schüssel umfüllen, ein paar Stunden im Kühlschrank durchziehen lassen.
4. Mit den Walnüssen und Petersilie bestreut servieren.

Paprika-Meerrettich-Aufstrich

Zutaten für 250 g
1 kleine rote Paprika (90 g)
2 EL frischer Meerrettich
1 TL Tabasco
250 g Speisequark, 20 %
½ TL Salz
½ TL Pfeffer
etwas frischer Schnittlauch

1. Paprika waschen, vierteln, putzen. Meerrettich reiben. Beides mit dem Tabasco in den Mixtopf geben, dann
2. **10 Sek./Stufe 5/mit MB** hacken und spateln.
3. Speisequark, Salz und Pfeffer zugeben, **3 Sek./Stufe 5/mit MB** mixen.
4. Aufstrich in eine Schüssel umfüllen und ein paar Stunden im Kühlschrank durchziehen lassen.
5. Schnittlauch waschen, trocken schütteln und in feine Röllchen schneiden. Vor dem Servieren Aufstrich mit Schnittlauch bestreuen.

Frischkäse-Kräuter-Creme

Zutaten für 380 g

1 TL Knoblauchpaste (siehe Seite 12)
400 g Frischkäse
1 TL getrocknetes Basilikum
1 TL getrockneter Thymian
¼ TL Salz
¼ TL Pfeffer
1 TL frische Kräuter

Variante:
Wer es scharf mag, gibt 1 TL Chilipaste (siehe Seite 12) dazu.

1. Alle Zutaten bis auf die frischen Kräuter in den Mixtopf geben und **5 Sek./Stufe 4/mit MB** mixen, dann spateln und nochmals **3 Sek./Stufe 5/mit MB** rühren.
2. Kräuter waschen, trocken schütteln und fein hacken. Creme mit Kräutern bestreut servieren.

Kleiner Teufel

Zutaten für 200 g

10 frische Minzblätter
oder 1 EL frischer Schnittlauch
250 g Quark, 20 % Fett
2 EL Knoblauchpaste (siehe Seite 12)
1–2 EL Chilipaste (siehe Seite 12)
30 g Olivenöl
¼ TL Kräutersalz
1 Msp. Pfeffer

1. Minze oder Schnittlauch waschen, trocken schütteln und klein schneiden.
2. Alle Zutaten außer Salz und Pfeffer in den Mixtopf geben, **5 Sek./Stufe 5/mit MB** mischen und spateln.
3. Aufstrich mit Salz und Pfeffer würzen, dann nochmals **5 Sek./Stufe 3/mit MB** mischen.

Aufstrich Liptauer Art

Zutaten für 300 g

250 g Speisequark, 20 %
100 g Frischkäse
1 EL mittelscharfer Senf
2 TL Paprikapulver
1 TL Knoblauchpaste (siehe Seite 12)
1 TL Kümmel
½ TL Kräutersalz
¼ TL Pfeffer

1. Alle Zutaten in den Mixtopf geben und **3 Sek./Stufe 5/mit MB** mischen, dann spateln und Vorgang wiederholen.
2. Aufstrich in eine Schüssel füllen und zugedeckt 1 Stunde im Kühlschrank ziehen lassen.

Zum Garnieren Zwiebelringe, frische Gurkenwürfel, Gewürzgurken, Paprikastreifen, Kapern oder etwas Sardellenpaste verwenden. Schmeckt besonders auf dunklem Brot.

Bayerischer Obatzter

Zutaten für ca. 400 g
40 g Schalotten
½ TL Kreuzkümmel oder Kümmel
125 g weiche Süßrahmbutter
50 g Sahne
30 g Bier (Export oder Weißbier)
200 g Camembert
½ TL Kräutersalz
½ TL Paprikapulver
¼ TL schwarzer Pfeffer
1 kleine Zwiebel
1 Lauchzwiebel
1 kleine Paprika

1. Die Schalotten schälen, vierteln, mit dem Kreuzkümmel im Mixtopf **10 Sek./Stufe 5/mit MB** hacken und spateln.
2. Butter in Stücken und Sahne zugeben, **15 Sek./Stufe 5/mit MB** mixen.
3. Bier, Camembert in Stücken, Kräutersalz, Paprikapulver und Pfeffer durch die Deckelöffnung zugeben, dann **20 Sek./Stufe 5/mit MB** hacken.
4. Obatzter in eine Schüssel umfüllen und 3 Stunden abgedeckt im Kühlschrank ziehen lassen.
5. Zwiebel schälen und in feine Ringe schneiden. Lauchzwiebel und Paprika putzen und waschen. Frühlingszwiebel in feine Ringe und Paprika in Streifen schneiden.
6. Obatzter mit Zwiebel, Frühlingszwiebel und Paprika garniert servieren. Innerhalb von 2 Tagen aufbrauchen.

Eiercreme

Zutaten für 250 g

30 g Parmesan
1 Zwiebel
3 Eier, M, hartgekocht und geschält
60 g fettreduzierte Mayonnaise
1 TL mittelscharfer Senf
½ TL Salz
¼ TL Pfeffer
Schalenabrieb von ½ Bio-Zitrone
etwas frischer Schnittlauch

1. Parmesan im Mixtopf **10 Sek./Stufe 5/mit MB** hacken, dann in eine Schüssel umfüllen.
2. Zwiebel schälen, vierteln, zusammen mit den Eiern in den Mixtopf geben und **5 Sek./Stufe 5/mit MB** hacken und spateln.
3. Den Parmesan mit den restlichen Zutaten bis auf den Schnittlauch zugeben und alles **5 Sek./Stufe 3/mit MB** mischen.
4. Creme in eine Schüssel umfüllen, abdecken und 3 Stunden im Kühlschrank ziehen lassen.
5. Schnittlauch waschen, trocken schütteln, in feine Röllchen schneiden und den Aufstrich vor dem Servieren damit bestreuen.

Meerrettich-Frischkäse

Zutaten für 250 g

- 50 g frischer Meerrettich
- 250 g Frischkäse
- 1 Prise Salz
- 1 Prise weißer Pfeffer
- 1 Spritzer Zitronensaft

1. Meerrettich schälen, in Stücke schneiden und im Mixtopf **10 Sek./Stufe 10/mit MB** hacken. Vorsicht beim Öffnen, riecht sehr scharf!
2. Meerrettich mit dem Spatel nach unten schieben. Frischkäse sowie Salz, Pfeffer und Zitronensaft zugeben und alles **10 Sek./Stufe 4/mit MB** mischen.
3. Innerhalb von 3 Tagen verbrauchen.

Schmeckt besonders gut als Brotbelag mit Radieschen, Gurke, Karotte, Tomaten und frischen Kräutern darauf. Passt aber auch sehr gut zu Räucherfisch wie Lachs und Forelle.

Schinkenquark

Zutaten für 500 g

200 g gekochter Schinken
100 g Zwiebeln
3 Knoblauchzehen
250 g Speisequark, 20 %
1/4 TL Pfeffer
1/4 TL getrockneter Majoran
Salz

1. Schinken im Mixtopf **3 Sek./Stufe 5/mit MB** hacken, dann in eine Schüssel umfüllen.
2. Zwiebeln und Knoblauch schälen, Zwiebel vierteln. Beides im Mixtopf **5 Sek./Stufe 5/mit MB** hacken, spateln und erneut **3 Sek./Stufe 3/mit MB** hacken.
3. Quark, Pfeffer und Majoran zugeben und alles **10 Sek./Stufe 5/mit MB** mischen. Mit Salz nach Geschmack würzen und servieren.

FLEISCH UND WURST

Bacon Jam

Zutaten für 250 g

200 g Zwiebeln
30 g Sonnenblumenöl
125 g Räucherspeckwürfel
40 g Ahornsirup
30 g Aceto Balsamico
1 TL Zitronensaft
1 Prise Pfeffer
1 Prise Kräutersalz
1 TL Paprikapulver
1 TL Curry
nach Belieben etwas frische Petersilie zum Garnieren

1. Zwiebeln schälen, vierteln, im Mixtopf **5 Sek./Stufe 5/mit MB** hacken, spateln.
2. Sonnenblumenöl und Räucherspeckwürfel zugeben und **10 Min./Varoma/Stufe 0,5/ohne MB** dünsten, nach 5 Minuten mit dem Spatel durchmischen.
3. Restliche Zutaten zugeben und **15 Sek./Stufe 3/Linkslauf/mit MB** vermengen.
4. In eine Schüssel oder Dose umfüllen und auskühlen lassen. Nach Wunsch mit etwas Petersilie servieren.
5. Hält sich im Kühlschrank mehrere Tage lang.

Wurstaufstrich mit Mais

Zutaten für 450 g

200 g Gemüsezwiebeln
130 g Mais (aus der Dose)
1 EL frischer Schnittlauch
½ TL Paprikapulver
150 g Geflügelwurst
1 TL Senf
½ TL Kräutersalz
¼ TL Pfeffer

Schmeckt wunderbar zu Brezen und Weißbrot.

1. Zwiebeln schälen, halbieren und mit dem abgetropften Mais in den Mixtopf schütten. **5 Sek./Stufe 5/mit MB** hacken, spateln und Vorgang wiederholen.
2. Schnittlauch waschen, trocken schütteln, klein schneiden und mit den restlichen Zutaten in den Mixtopf geben, **10 Sek./Stufe 5/mit MB** zerkleinern, spateln, nach Wunsch Vorgang wiederholen.
3. Aufstrich in eine Schüssel füllen und zugedeckt im Kühlschrank 2 Stunden ruhen lassen.

Belgischer Brotaufstrich

Zutaten für 350 g

250 g gemischtes Hackfleisch
1 TL Gemüsebrühpulver, hefefrei
80 g Fleischfond oder Wasser
80 g rote Paprika
50 g Zwiebeln
1 EL Knoblauchpaste und/oder Chilipaste (siehe Seite 12)
½ TL Salz
¼ TL Pfeffer

1. Hackfleisch, Gemüsebrühpulver und Fleischfond oder Wasser im Mixtopf **20 Min./90 °C/Linkslauf/Stufe 1/mit MB** köcheln. Nach 5 Minuten kurz öffnen und kontrollieren, ob das Hackfleisch nicht mehr zusammenklebt, sonst mit dem Spatel vom Messer lösen.
2. Nach der Kochzeit das überschüssige Wasser abgießen, das Fleisch in eine Schüssel umfüllen und auskühlen lassen. Mixtopf reinigen.
3. Paprika waschen, vierteln, putzen. Zwiebeln schälen, vierteln. Beides mit der Knoblauchpaste (evtl. Chilipaste), Salz und Pfeffer in den Mixtopf geben, **10 Sek./Stufe 5/mit MB** hacken und spateln.
4. Dann das Hackfleisch wieder zufügen und alles **5 Sek./Stufe 4/mit MB** durchmischen.

Kalbsleberwurst

Zutaten für ca. 600 g

300 g mageres Schweinefleisch (z. B. aus dem Filet)
250 g Kalbsleber
120 g Butter
½ TL getrockneter Thymian
½ TL getrockneter Oregano
2 TL Knoblauchpaste (siehe Seite 12) (oder 1 fein gehackte Knoblauchzehe)
100 g Räucherspeckwürfel
75 g Sahne
Salz
Pfeffer
1 Zweig frischer Rosmarin

1. Schweinefleisch und Kalbsleber abwaschen und fein würfeln.
2. Butter in den Mixtopf geben und **1 Min./80 °C/Stufe 2/ohne MB** schmelzen lassen. Fleisch und Leber sowie Thymian, Oregano und Knoblauchpaste zugeben, dann alles **15 Min./100 °C/Stufe 1/ohne MB** braten.
3. Räucherspeck zufügen, nochmals **5 Min./100 °C/Stufe 1/ohne MB** braten. Danach **30 Sek./Stufe 5/mit MB** hacken.
4. Sahne angießen, nochmals **30 Sek./Stufe 7/mit MB** mixen. Mit Salz und Pfeffer nach Geschmack würzen, dann alles **1 Min./Stufe 10/mit MB** fein pürieren (siehe auch Tipp). In eine Form umschütten.
5. Rosmarin waschen, trocken schütteln und Nadeln abzupfen. Leberwurst mit den Rosmarinnadeln belegen, mit Frischhaltefolie gut bedecken und einige Stunden im Kühlschrank fest werden lassen. Hält sich etwa 5 Tage.

Wer noch mehr Rauchgeschmack haben möchte, fügt einige Tropfen Liquid Smoke hinzu und mischt diese gut unter.

Je nachdem, wie fein man die Leberwurst mag, kann man sie länger oder auch kürzer pürieren.

Chicken-Curry-Aufstrich

Zutaten für 400 g

100 g frische oder Dosen-Ananas
200 g gekochtes Hühnchenfleisch (z. B. Reste eines Grillhähnchens)
100 g Maroni (geschält und gekocht)
50 g Joghurt, 10 %
1 TL Curry
¼ TL Kräutersalz
¼ TL Pfeffer

Schmeckt gut in Kombination mit Rucola.

1. Frische Ananas schälen, harten Strunk entfernen und Fruchtfleisch in den Mixtopf geben, dann **10 Sek./Stufe 5/mit MB** hacken, spateln.
2. Hühnchenfleisch klein schneiden, zugeben.
3. Alle restlichen Zutaten zugeben und das Ganze **15 Sek./Stufe 5/mit MB** mixen.
4. Aufstrich in eine Schüssel füllen, zugedeckt im Kühlschrank gut durchkühlen lassen.

Teewurst

Zutaten für 400 g

140 g Lachsschinken
50 g magere Rauchschinkenwürfel
150 g Butter
100 g Frischkäse
1 Prise Paprikapulver
½ TL Pfeffer
1 Prise Salz

1. Lachsschinken in Streifen schneiden, mit den Rauchschinkenwürfeln in den Mixtopf geben, **20 Sek./Stufe 10/mit MB** hacken, spateln.
2. Butter, Frischkäse, Paprikapulver, Pfeffer und Salz zugeben und **5 Sek./Stufe 4/mit MB** mischen.

Brötchen in Scheiben schneiden, mit der Teewurst bestreichen und mit Schnittlauchröllchen bestreut servieren.

Schmalzfleischtöpfle

Zutaten für 450 g

100 g Zwiebeln
80 g Schweineschmalz
550 g roher Schweinebauch
1 TL Tomatenmark
3 Lorbeerblätter
4 Wacholderbeeren
½ TL Salz
¼ TL Pfeffer

Pastetenform

1. Zwiebeln schälen, vierteln, in den Mixtopf geben und **5 Sek./Stufe 5/mit MB** zerkleinern, dann spateln.
2. Schmalz zugeben und alles **4 Min./Varoma/Stufe 2/ohne MB** dünsten.
3. Schwarte vom Schweinebauch abschneiden, Fleisch in 2 cm breite Streifen schneiden. Schweinebauchstreifen mit den restlichen Zutaten in den Mixtopf geben, **60 Min./100 °C/Linkslauf/Stufe2/mit MB** garen. Nach etwa 5 Minuten Fleischreste mit dem Spatel vom Messer entfernen, falls diese hängen bleiben. Zwischendurch immer wieder spateln. Vorsicht, kann beim Öffnen spritzen!
4. Lorbeerblätter entfernen. Fleischmasse **10 Sek./Stufe 6/mit MB** hacken, spateln, dann **10 Sek./Stufe 8/mit MB** pürieren.
5. Eine Pastetenform mit Frischhaltefolie auslegen. Die Fleischmasse hineingeben, gleichmäßig verstreichen. Wer mag, gibt ein paar Blätter Salbei obenauf. Mit der Folie bedecken und im Kühlschrank kalt stellen.
6. Aufstrich innerhalb 1 Woche verzehren.

Geflügelleberpaté mit Aprikosen

Zutaten für ca. 850 g

2 Schalotten (50 g)
10 g Ingwer
200 g Butter
300 g Hühnerleber
400 g Hühnerbrustfilets
150 g Sahne
2 TL Kräutersalz
70 g Soft-Aprikosen

Auflaufform, 1 l

1. Schalotten schälen, vierteln. Ingwer schälen, grob schneiden. Beides in den Mixtopf geben und **6 Sek./Stufe 4/mit MB** hacken. 1 EL Butter zugeben und alles **5 Min./120 °C/ohne MB** dünsten.
2. Leber waschen, putzen und grob schneiden. In 2 EL Butter in einem beschichteten Topf braten, sodass sie zwar durch, aber nicht trocken ist. In den Mixtopf (zu den Zwiebeln) umfüllen.
3. Hühnerbrust waschen, in Stücke schneiden und in der restlichen Butter in dem Topf durchbraten, dann ebenfalls in den Mixtopf umschütten.
4. Anschließend alles **30 Sek./Stufe 5/mit MB** hacken, spateln, mit der Sahne aufgießen und **30 Sek./Stufe 7/mit MB** mixen, spateln. Kräutersalz zugeben, nochmals **1 Min./Stufe 10/mit MB** fein pürieren.
5. Die Aprikosen fein würfeln und mit dem Spatel einrühren.
6. Die Masse in eine passende Auflaufform füllen (ca. 1 l Inhalt). Mit Frischhaltefolie abdecken, diese fest auf die Farce drücken, sodass keine Luft mehr dazwischen ist.
7. Paté mindestens 3 Stunden im Kühlschrank ruhen lassen und innerhalb von 4–5 Tagen aufbrauchen.

Dieses Rezept dauert zwar etwas länger, aber das Ergebnis ist wirklich lecker!

Wer mag, rührt 1 Packung Tortenguss mit 250 ml Orangensaft oder Mangonektar kalt an, gibt etwas Zitronenschalenabrieb und 1 Prise Chili dazu, lässt das Ganze kurz aufkochen und gießt damit eine dicke Haut auf die Paté. Die wird dann im Kühlschrank fest und schützt die Oberfläche vor dem Austrocknen. Paté dann scheibenweise aufschneiden.

FISCH

Flusskrebs-Zitronen-Pastete

Zutaten für 350 g

100 g Butter
200 g Flusskrebsschwänze
2 EL Saft und Schale ½ Bio-Zitrone
75 g Remoulade
1 Prise Muskatnuss
Salz
Pfeffer
ein paar Blätter frischer Salbei

1. Butter in den Mixtopf geben und **3 Min./100 °C/Stufe 2/ohne MB** schmelzen.
2. Flusskrebsschwänze im Garkorb mit kaltem Wasser gründlich abspülen, etwas ausdrücken. In den Mixtopf geben und **4 Min./120 °C/Stufe 1/ohne MB (TM31: 4 Min./Varoma/Stufe 1/ohne MB)** braten, abkühlen lassen.
3. Zitrone abwaschen, trocknen und etwas Schale in den Mixtopf abreiben. Zitronensaft sowie Remoulade und Muskat dazugeben und **10 Sek./Stufe 8/mit MB** mixen. Mit Salz und Pfeffer abschmecken.
4. Pastete in eine kleine Form füllen, glatt streichen und 2 Stunden zum Festwerden in den Kühlschrank stellen. Mit frischen Salbeiblättern belegt servieren.

Thunfisch-Avocado-Creme

Zutaten für 250 g

1 reife Avocado
2 EL Zitronensaft
1 Knoblauchzehe
1 Dose Thunfisch in Öl (Abtropfgewicht ca. 130 g)
Salz
Pfeffer

Variante:

100 g Zuckermais, abgetropft, mit der Creme verrühren

1. Avocado halbieren, Kern entfernen, Fruchtfleisch mit einem Löffel aus der Schale schaben. Mit dem Zitronensaft in den Mixtopf geben und intervallweise auf **Stufe 5/mit MB** feincremig mixen, zwischendurch mit dem Spatel herunterschieben.
2. Knoblauchzehe schälen und durch eine Knoblauchpresse in den Mixtopf drücken.
3. Thunfisch leicht abtropfen lassen, mit etwas Salz und Pfeffer zum Avocadopüree geben.
4. Alles ebenfalls intervallweise auf **Stufe 5/mit MB** mixen, bis die gewünschte Konsistenz erreicht ist. Da keine große Menge verarbeitet wird, muss man hier öfter mit dem Spatel nachhelfen und nur kurz auf **Stufe 5** mixen.
5. Creme mit Salz und Pfeffer nach Geschmack würzen, in eine Schüssel umfüllen und im Kühlschrank abgedeckt gut durchkühlen lassen.

Lachsaufstrich

Zutaten für 250 g

25 g frischer Meerrettich
50 g Graved Lachs
200 g Frischkäse
½ TL Orangenschalenabrieb
1 TL Honig
1 Prise Zitronensalz
etwas frischer Dill

1. Meerrettich schälen, grob zerschneiden und **10 Sek./Stufe 10/mit MB** im Mixtopf mahlen. Mit dem Spatel nach unten schieben.
2. Lachs klein schneiden und zusammen mit den restlichen Zutaten (außer dem Dill) in den Mixtopf geben. **5 Sek./Stufe 5/mit MB** mixen, mit dem Spatel zusammenschieben und Vorgang wiederholen.
3. Dill waschen, trocken schütteln und grob hacken. Aufstrich mit Dill bestreut servieren.

Brotscheiben dick mit dem Aufstrich bestreichen, mit einer Scheibe Graved Lachs belegen, etwas Dill obenauf geben. Superlecker!

Räucherforellencreme

Zutaten für 350 g

200 g Räucherforellenfilets (am besten von der Lachsforelle)
200 g Schmand
1 TL Honig
1 TL scharfer Senf
1 TL frischer oder TK-Dill
1 Spritzer Zitronensaft
schwarzer Pfeffer
nach Belieben Salz

1. Alle Zutaten in den Mixtopf geben und **10 Sek./Stufe 8/mit MB** mixen.
2. Bei Bedarf noch mit Salz und Pfeffer nachwürzen.
3. Creme in eine Schüssel geben und abgedeckt 1–2 Stunden im Kühlschrank kalt stellen.

Makrelen-Meerrettich-Creme

Zutaten für 300 g

20 g frischer Meerrettich (alternativ 1 EL Meerrettich aus dem Glas)
1 Knoblauchzehe
175 g Räuchermakrelenfilets
schwarzer Pfeffer
Salz (wenn vorhanden Algensalz)
nach Belieben 1 EL frische Kräuter (Schnittlauch, Petersilie, Dill)

1. Meerrettich schälen und grob zerschneiden, Knoblauch schälen und in Scheiben schneiden. Beides im Mixtopf **15 Sek./Stufe 10/mit MB** hacken. Mit dem Spatel nach unten schieben (riecht extrem scharf, am besten Luft anhalten ...). Wird Meerrettich aus dem Glas verwendet, den Knoblauch sehr fein hacken bzw. durch eine Knoblauchpresse drücken und mit dem Meerrettich in den Mixtopf geben.
2. 150 g von der Makrele ohne Haut zugeben sowie etwas Pfeffer und 1 Prise Salz. **10 Sek./Stufe 5/mit MB** mixen, Masse mit dem Spatel nach unten schieben und Vorgang wiederholen.
3. Creme mit Salz und Pfeffer abschmecken, in eine Schüssel füllen, das restliche Makrelenfleisch auseinanderzupfen und auf die Creme streuen. Abgedeckt 1 Stunde im Kühlschrank durchziehen lassen.
4. Wer möchte, kann frische Kräuter waschen, trocken schütteln, fein hacken und diese dann vor dem Servieren über die Creme streuen.

Surimi mit Birne

Zutaten für 400 g

100 g Birne (ca. ½ Birne)
180 g Surimi
1 Msp. Chilipulver
1 Msp. Curry
1 Prise Zitronensalz
70 g Crème fraîche
70 g Mayonnaise
nach Belieben etwas frische Kräuter

1. Birne schälen, Kernhaus entfernen, Fruchtfleisch in Stücke schneiden und im Mixtopf **5 Sek./Stufe 8/mit MB** mixen. Evtl. austretenden Saft abgießen.
2. ¼ der Surimi in 1 cm lange Stücke schneiden und beiseitestellen. Restliche Surimi in den Mixtopf geben.
3. Chili, Curry, Zitronensalz sowie Crème fraîche und Mayonnaise einwiegen und alles **5 Sek./Stufe 5/mit MB** rühren. Mit Salz abschmecken.
4. Wer möchte, kann frische Kräuter waschen, trocken schütteln und fein hacken.
5. Aufstrich in eine Schüssel umfüllen, die restlichen Surimistücke darauf verteilen, evtl. mit gehackten Kräutern bestreuen. Am besten noch zugedeckt 1 Stunde im Kühlschrank durchziehen lassen.

Garnelenpaste

Zutaten für 350 g

200 g Kabeljaufilet, dampfgegart und abgekühlt
100 g Eismeergarnelen
10 g Senf
25 g Sonnenblumenöl
25 g Seehasenrogen (»Deutscher Kaviar«)
1 TL Paprikapulver
Saft von ½ Zitrone
1 TL Honig
1 Prise Salz
1 Prise Pfeffer

1. Den abgekühlten Fisch mit den restlichen Zutaten in den Mixtopf geben, **10 Sek./Stufe 7/mit MB** mixen, spateln und Vorgang wiederholen, bis eine schön cremige Masse entstanden ist.
2. Nach Geschmack nachsalzen oder -pfeffern.
3. Vor dem Servieren im Kühlschrank mindestens 1 Stunde lang abgedeckt durchziehen lassen.

Dampfgaren des Kabeljaufilets: Den Kabeljau mit kaltem Wasser abwaschen und trocken tupfen. In den Mixtopf 700 g Wasser einwiegen und in **5 Min./Varoma/Stufe 1/mit MB** zum Kochen bringen. Kabeljau salzen und pfeffern, etwas Zitronensaft und Sonnenblumenöl darüberträufeln. Fisch in Backpapier einwickeln und in den Varoma-Aufsatz legen, diesen auf den Mixtopf setzen, Deckel daraufgeben und Fisch **15 Min./Varoma/Stufe 1.5** garen. Varoma-Aufsatz abnehmen und Fisch abkühlen lassen. Mixtopf leeren und ausspülen.

Sardellen-Knoblauch-Butter

Zutaten für 200 g

1 Bio-Zitrone
1 Glas Sardellen in Öl (ca. 90 g)
200 g weiche Butter
1 TL Knoblauchpaste (siehe Seite 12) (alternativ 1 Knoblauchzehe, fein gehackt)
1 Prise Chilipulver
1 EL frischer Schnittlauch

Variante:

1 EL Kapern (abgetropft) mit den anderen Zutaten hacken

Schmeckt gut auf Brot, aber auch als Würzbutter zu Gegrilltem, Rind, Lamm, Tofu und Kartoffeln.

1. Zitrone heiß abwaschen und abtrocknen. Schale abreiben, Saft auspressen. Sardellen abtropfen lassen.
2. Sardellen, Zitronenschale und -saft mit Butter, Knoblauchpaste und Chilipulver im Mixtopf **15 Sek./Stufe 5/mit MB** hacken. Spateln, dann **8 Sek./Stufe 8/mit MB** mixen.
3. Schnittlauch waschen, trocken schütteln und in feine Röllchen schneiden. Mit dem Spatel in die Buttermasse einrühren.
4. Masse in eine Schüssel füllen und abgedeckt im Kühlschrank aufbewahren. Innerhalb von 3 Tagen verbrauchen.

Garnelen-Mango-Aufstrich

Zutaten für 500 g

10 g Ingwer
200 g Eismeergarnelen
200 g Mango
100 g Mayonnaise
1 Prise Salz
1 Prise Pfeffer
1 TL frischer Schnittlauch

1. Ingwer schälen und mit einer Reibe in den Mixtopf hineinreiben.
2. Garnelen im Garkorb unter kaltem Wasser abspülen und abtropfen lassen.
3. Mango schälen, Fruchtfleisch vom Kern schneiden und mit den Garnelen in den Mixtopf geben, **10 Sek./Stufe 5/mit MB** hacken.
4. Mayonnaise, Salz und Pfeffer zugeben, **10 Sek./Stufe 5/mit MB** mixen.
5. Schnittlauch waschen, trocken schütteln und in feine Röllchen schneiden.
6. Aufstrich in eine Schüssel füllen und mit Schnittlauch bestreut servieren.

Lachs-Krabben-Mousse

Zutaten für 450 g

- 200 g Sahne, eiskalt
- 1 Packung Sahnesteif
- 150 g Räucherlachs
- 150 g Eismeergarnelen in Lake
- 100 g Frischkäse
- 1 EL Zitronensaft
- 1 Prise Pfeffer
- nach Belieben etwas Salz
- 25 g Forellenkaviar
- etwas frischer Thymian

Statt Forellenkaviar kann man auch günstigeren schwarzen Seehasenrogen verwenden.

1. Sahne mit dem Sahnesteif in den Mixtopf geben und **2 Min. 30 Sek./ mit eingestecktem Rühraufsatz Stufe 4/mit MB** schlagen, dann in eine Schüssel umfüllen.
2. Lachs in Streifen schneiden, Garnelen abtropfen lassen. Beides mit dem Frischkäse und dem Zitronensaft in den Mixtopf geben, **10 Sek./Stufe 8/ mit MB** mixen und spateln.
3. Sahne zugeben und mit dem Spatel vorsichtig unterheben.
4. Mousse mit Pfeffer und evtl. etwas Salz (Vorsicht, der Kaviar ist auch salzig!) abschmecken.
5. Thymian waschen, trocken schütteln und Blättchen abzupfen.
6. Mousse mit dem Kaviar als Topping und mit Thymianblättchen bestreut auf Brot servieren. Innerhalb von 2 Tagen aufbrauchen.

SÜSSES FÜR SCHLECKER-MÄULER

Erdnuss-Schoko-Honig-Aufstrich

Zutaten für 500 g

200 g geröstete Erdnüsse, gesalzen oder ungesalzen
100 g Butter
100 g Banane
100 g Honig
60 g ungesüßtes Kakaopulver

Schmeckt gut zu Fleisch und Geflügel, aber auch als süßer Aufstrich auf Brot und trockenen Kuchen.

1. Erdnüsse in den Mixtopf geben und **10 Sek./Stufe 10/mit MB** hacken, dann spateln.
2. Butter in Stücke schneiden, Banane schälen und klein schneiden. Beides mit den restlichen Zutaten zugeben und **10 Sek./Stufe 10/mit MB** mixen, dann spateln und Vorgang wiederholen.
3. Aufstrich in ein Glas füllen und im Kühlschrank aufbewahren. Innerhalb von 2–3 Wochen aufbrauchen.

Coconut-Dream

Zutaten für 350 g

200 g Zucker
200 g Kokosraspel
100 g Guaven- oder Lycheenektar (oder Wasser)
etwas Zitronenschalenabrieb

1. Den Zucker in den Mixtopf geben, **15 Sek./Stufe 10/mit MB** mahlen.
2. Die Kokosraspel zugeben, **1 Min./Stufe 10/mit MB** hacken und spateln.
3. Dann den Fruchtnektar und den Zitronenschalenabrieb zugeben, **20 Sek./Stufe10/mit MB** mischen und **15 Min./100 °C/Stufe 1/mit MB** kochen.
4. Masse in ein Schraubglas füllen, abkühlen lassen und im Kühlschrank aufbewahren. Hält sich 1–2 Wochen.

Nicht nur als Brotaufstrich verwendbar, sondern auch als Kuchenbelag oder für Weihnachtsplätzchen als Deckschicht.

Einfache Karamellcreme

Zutaten für 400 g

1 kg Wasser
400 g gezuckerte Kondensmilch (Dose, kein Tetrapack)

Creme auf das Brot streichen, darauf etwas Joghurt, Quark oder Frischkäse geben, mit Zimt, Vanille, Kardamom oder gehackten Nüssen bestreuen.

1. Wasser in den Mixtopf geben, den Gareinsatz einhängen, die ungeöffnete Kondensmilch in den Gareinsatz geben und **99 Min./100 °C/Stufe 1/ ohne MB (TM31: 60 Min./100 °C /Stufe 1/ohne MB)** garen. Danach nochmals **20 Min./100 °C/Stufe 1/ohne MB (TM 31: 60 Min./100 °C /Stufe 1/ohne MB).**
2. Die Dose erst auskühlen lassen, bevor sie geöffnet wird.
3. Die Masse in eine verschließbare Dose umfüllen und kühl stellen. Ist im Kühlschrank 3 Wochen lang haltbar.

Maronibutter

Zutaten für 350 g

200 g Maroni, geschält und gekocht
60 g Süßrahmbutter
60 g Rohrzucker
1 EL Kakaopulver
1 TL Zimt

Vegane Variante:
Statt Butter Kokosöl verwenden

1. Alle Zutaten in den Mixtopf geben und **10 Sek./Stufe 6/ mit MB** hacken, dann spateln und nochmals **5 Sek./Stufe 6/mit MB** mixen.
2. Maronibutter in ein Schraubglas füllen. Hält sich im Kühlschrank bis zu 2 Wochen.

Studentenfutter-Aufstrich

Zutaten für 400 g

65 g Walnüsse
65 g Mandeln
70 g Cranberries
70 g Sonnenblumenkerne
70 g Blütenpollen
2 EL Honig
200 g Sahne

Variante:
Wer keine Walnüsse, Mandeln, Cranberries und Sonnenblumenkerne zur Verfügung hat, kann auch 270 g Studentenfuttermischung verwenden.

Vegane Variante:
Statt Sahne Fruchtsaft verwenden, Blütenpollen weglassen und Honig durch Agavendicksaft ersetzen

1. Alle Zutaten in den Mixtopf geben, **10 Sek./Stufe 5/mit MB** hacken, spateln und Vorgang wiederholen.
2. Aufstrich in ein Schraubglas umfüllen, im Kühlschrank quellen und ziehen lassen.

Als Aufstrich verwenden, alternativ kleine Taler formen und mit in die Arbeit nehmen.

Pistazien-Kokos-Butter

Zutaten für 250 g

150 g gehackte Pistazien
300 g Kokosmilch
120 g Honig

1. Alle Zutaten im Mixtopf **10 Sek./Stufe 5/mit MB** mixen, spateln und Vorgang wiederholen.
2. Butter in ein Schraubglas abfüllen.

Reste in Eiswürfelformen einfrieren und irgendwann **30 Sek/Stufe 10/mit MB** zu einer leckeren veganen Eiscreme mixen.

Dattel-Maroni-Creme

Zutaten für 600 g

300 g entsteinte Datteln (ca. 16 Stück)
200 g Maroni (geschält und gekocht)
100 g Cashewkerne
2 TL Honig
100 g Sahne

Vegane Variante:
Statt Honig Agavendicksaft und statt Sahne Fruchtsaft verwenden

1. Alle Zutaten in den Mixtopf geben, **10 Sek./Stufe 5/mit MB** hacken.
2. Creme in Schraubgläser abfüllen, hält sich im Kühlschrank maximal 1 Woche.

Schoko küsst Mandel

Zutaten für 300 g

100 g gehobelte oder gehackte Mandeln
200 g Schaumküsse (12 Stück)
60 g Sahne

1. Mandeln in den Mixtopf geben, **10 Sek./Stufe 6/mit MB** hacken und spateln.
2. Dann die Schaumküsse ohne Boden und die Sahne in den Mixtopf geben und **10 Sek./Stufe 6/mit MB** mixen.
3. Creme in ein Schraubglas abfüllen.
4. Da die Masse sehr klebrig ist, Mixtopf und Deckel unbedingt sofort spülen!

Schnelle Schokocreme

Zutaten für 250 g

1 Vanilleschote
100 g brauner Zucker
1 Prise Salz
200 g weiche Butter
2 EL ungesüßtes Kakaopulver
½ TL Zimt

Vegane Variante:
Statt Butter vegane Margarine verwenden

1. Vanilleschote mit einem scharfen Messer längs aufschlitzen und Mark herausschaben. Vanillemark, Zucker und Salz in den Mixtopf geben, **20 Sek./Stufe10/mit MB** mahlen. Pulver mit einem Küchenpinsel nach unten wischen (auch vom Deckel).
2. Die Butter in Stücke schneiden, mit dem Kakaopulver und dem Zimt in den Mixtopf geben, **2 Min./37 °C/Stufe 3** mit MB rühren.
3. Creme in ein Schraubglas füllen und im Kühlschrank aufbewahren.

BUTTER, FRUCHT-BUTTER UND NUSSBUTTER

Erdnussbutter

Zutaten für 400 g

400 g geröstete, gesalzene Erdnüsse
½ TL Meersalz
2–5 EL Rohrzucker (wenn die Butter süß sein soll, sonst weglassen)
1–2 EL neutrales Öl (z.B. Sonnenblumen- oder Rapsöl)

1. Geröstete Erdnüsse, Salz und Zucker in den Mixtopf geben, **10 Sek./Stufe 8/mit MB** mixen, spateln und Vorgang wiederholen.
2. Zwischendurch etwas Öl zugeben, dann weitermixen, bis die gewünschte Konsistenz erreicht ist.
3. Nach Belieben mit Salz und Zucker nachwürzen und nochmals gut verrühren.
4. Erdnussbutter in Schraubgläser füllen, kühl, aber nicht im Kühlschrank lagern. Durch Kondenswasser könnte die Erdnussbutter sonst schimmeln. Am besten innerhalb von 2–3 Wochen aufbrauchen.

Wer die Crunchy-Version der Erdnussbutter mag, legt 1 EL Nüsse vor dem Mahlen beiseite und hackt sie nicht zu fein. Zum Schluss erst unter die fertige Masse rühren.

Cashewbutter

Zutaten für 450 g

300 g Cashewkerne
2 TL Zitronensaft
165 ml Kokosmilch, fett
2 TL guter Honig, am besten Waldhonig

Vegane Variante:
Statt Honig Agavendicksaft verwenden

1. Cashewkerne und Zitronensaft im **Mixtopf 5 Sek./Stufe 7/mit MB** mixen.
2. Den festen Bestandteil der Kokosmilch (den Rest anderweitig verwenden, zum Beispiel als Milchersatz) und den Honig zugeben (ca. 115 g), **10 Sek./ Stufe 7/mit MB** mischen.
3. Butter in ein Schraubglas füllen und kühl, aber nicht im Kühlschrank aufbewahren.

Mandelbutter

Zutaten für 250 g

300 g Mandeln
nach Belieben 1 TL Zimtpulver

1. Backofen auf 180 °C Umluft vorheizen.
2. Ungeschälte Mandeln auf ein mit Backpapier belegtes Blech legen und etwa 8 Minuten im Backofen rösten lassen. Dabei aufpassen, dass sie nicht verbrennen.
3. Mandeln aus dem Ofen nehmen und unbedingt vollkommen auskühlen lassen.
4. Dann in den Mixtopf schütten und **4 Min./Stufe 10/mit MB** mahlen und spateln.
5. Danach nochmals **5 Min./Stufe 10/mit MB** pürieren, zwischendurch spateln. Nun müsste sich das Öl von den Nüssen trennen und eine flüssig-cremige Konsistenz entstanden sein. Sonst nochmals ein paar Minuten lang auf **Stufe 10** weitermahlen, zwischendurch spateln. Dem Mixtopf aber vorher eine kurze Verschnaufpause gönnen, damit er nicht heiß läuft.
6. Die fertige Mandelbutter evtl. mit etwas Zimt würzen, in ein Glas füllen und innerhalb von 2–3 Wochen aufbrauchen. Kühl, aber nicht im Kühlschrank lagern. Durch Kondenswasser könnte die Mandelbutter sonst schimmeln.

So hergestellt ist die Mandelbutter ungesüßt, also neutral, und kann sowohl mit Süßem (z. B. Bananenscheiben, Apfelstücken, Marmelade) als auch mit Pikantem (Grillfleisch, Räucherschinken, kaltem Braten) kombiniert werden. Wer sie süß mag, gibt einfach zum Schluss 2 EL Honig dazu und mixt diesen unter.

Zitronen-Mandel-Butter

Zutaten für 300 g

100 g blanchierte Mandeln
80 g Zucker
200 g weiche Butter
1 Bio-Zitrone

1. Mandeln mit dem Zucker im Mixtopf **10 Sek./Stufe 10/mit MB** mahlen. Butter zugeben, **2 Min./Stufe 1.5/ohne MB** rühren.
2. In der Zwischenzeit die Zitrone waschen, die Schale mit einem Zestenreißer in langen Streifen abziehen, eine Zitronenhälfte auspressen.
3. ⅔ der Zitronenschale und den Saft in den Mixtopf geben, alles **10 Sek./Stufe 7/mit MB** mixen.
4. Butter in eine Schüssel füllen, mit den restlichen Zesten bestreuen und in den Kühlschrank stellen. Innerhalb von 3 Tagen aufbrauchen.

Apfelbutter

Zutaten für 300 g

800 g säuerliche Äpfel
1 Vanilleschote
100 g brauner Zucker
1 EL Zitronensaft
1 EL Zimt
50 g weiche Süßrahmbutter

Schmeckt wunderbar auf Brot oder auch mit cremigem Joghurt als Unterlage.

Das gleiche Rezept kann man mit Birnen oder Quitten zubereiten.

1. Die Äpfel waschen, mit einem Apfelschneider schneiden, Reste vom Kerngehäuse ausschneiden. In 2 Portionen in den Mixtopf geben, **2 Sek./Stufe 5/mit MB** hacken.
2. Vanilleschote mit einem scharfen Messer längs aufschlitzen und Mark herausschaben. Vanillemark mit den restlichen Zutaten (außer der Butter) in den Mixtopf geben und **80 Min./Varoma/Linkslauf/Stufe 1/mit aufgesetztem Garkorb** kochen (kocht sonst über).
3. Masse abkühlen lassen, dann die Süßrahmbutter in Stücken zugeben und **10 Sek./Stufe 6/mit MB** mixen.
4. Butter in ein Schraubglas füllen und innerhalb von 1 Woche aufbrauchen.

Bärlauchbutter

Zutaten für 250 g

½ Bio- Zitrone
1 TL frische Petersilie
1 EL frischer Bärlauch
½ TL Paprikapulver
½ TL Kräutersalz
¼ TL Pfeffer
250 g zimmerwarme Süßrahmbutter

Frischen, nicht blühenden Bärlauch verwenden. Achtung: nicht mit den giftigen Maiglöckchenblättern verwechseln!

1. Zitrone waschen, abtrocknen und Schale abreiben. Petersilie und Bärlauch waschen, trocken schütteln und grob zerschneiden.
2. Zitronenabrieb, Petersilie, Bärlauch, Paprika, Salz, Pfeffer im Mixtopf **5 Sek./Stufe 10/mit MB** zerkleinern und spateln.
3. Die Butter in Stücken zugeben, **20 Sek./Stufe 4/mit MB** hacken und spateln.
4. Masse auf ein Stück Klarsichtfolie geben, zu einer Rolle formen und in den Kühlschrank stellen. Mindestens 2 Stunden lang ziehen lassen.

Chili-Koriander-Butter

Zutaten für 250 g

1 TL frischer Koriander
1 TL frischer Dill
250 g weiche Süßrahmbutter
5 g Orangenschalenabrieb
½ TL Chiliflocken
2 EL Olivenöl
1 TL Kräutersalz
1 Prise Pfeffer

Schmeckt sehr gut zu Fleisch- und Fischgerichten.

1. Koriander und Dill waschen, trocken schütteln und hacken.
2. Die Butter in Stückchen in den Mixtopf schneiden, restliche Zutaten dazugeben und alles **10 Sek./Stufe 5/mit MB** mischen.
3. Masse durch einen Marmeladentrichter in ein Schraubglas füllen und im Kühlschrank durchziehen lassen. Hält sich 1 Woche.

Zitronen-Passionsfrucht-Butter mit Thymian

Zutaten für 250 g

1 Passionsfrucht
Abrieb von 1 Bio-Zitrone
1 Prise Kräutersalz
1 Prise Pfeffer
250 g zimmerwarme Butter
1 TL frischer Thymian

1. Passionsfrucht halbieren, Fruchtfleisch aus der Schale löffeln und durch ein Sieb streichen.
2. Passionsfruchtmark, Zitronenschalenabrieb, Kräutersalz und Pfeffer in den Mixtopf geben und **10 Sek./Stufe 6/mit MB** verrühren, spateln und Vorgang wiederholen.
3. Butter in Stücke schneiden. Thymian waschen, trocken schütteln, Blättchen abzupfen. Beides in den Mixtopf geben, **20 Sek./Stufe 4/mit MB** aufschlagen, spateln, dann nochmals **10 Sek./Stufe 4/mit MB** mixen.
4. Butter auf Klarsichtfolie geben, zu einer Rolle formen und in den Kühlschrank stellen. Innerhalb 1 Woche aufbrauchen.

Dieser Aufstrich kann auch durch Zugabe von 50 g Puderzucker als süße Variante zubereitet werden.

Sesambutter

Zutaten für 300 g

100 g Sesam
250 g weiche Süßrahmbutter
½ TL Kräutersalz
¼ TL Pfeffer
1 Prise Chilipulver

1. Die Sesamkörner in den Mixtopf schütten und **20 Min./Varoma/Sanftrührstufe/ohne MB** rösten. Ein Küchenpapierhandtuch auf den Deckel legen, denn die Sesamkörner springen umher!
2. Sesam etwas auskühlen lassen, dann **10 Sek./Stufe 10/mit MB** mahlen, spateln und Vorgang wiederholen. Nach Belieben nochmals spateln und hacken.
3. Die Butter in Stücken mit Salz, Pfeffer und Chili in den Mixtopf geben, **15 Sek./Stufe 4/ohne MB** verrühren.
4. Butter in ein Schraubglas füllen und innerhalb 1 Woche aufbrauchen.

Schmeckt gut auf Brot, besonders mit frischen Kräutern wie Kresse oder auch Keimlingen darauf. Passt aber auch gut zu Gemüsegerichten, Grillfleisch und Tofuspeisen.

Wer die Butter nicht gleich aufbraucht, kann sie auch einfrieren.

Knoblauchbutter

Zutaten für 250 g

80 g Zwiebel
1 EL Knoblauchpaste (siehe Seite 12)
1 EL frische oder TK-Kräuter
250 g zimmerwarme Süßrahmbutter
1 TL Salz
1/4 TL Pfeffer

1. Zwiebel schälen, vierteln, mit der Knoblauchpaste in den Mixtopf geben, **10 Sek./Stufe 6/mit MB** hacken und spateln.
2. Frische Kräuter waschen, trocken schütteln und hacken.
3. Butter in Stücke schneiden und mit den Kräutern, Salz und Pfeffer in den Mixtopf geben und **30 Sek./Stufe 4/ohne MB** mischen.
4. Knoblauchbutter in eine Gefrierbox füllen oder in eine Frischhaltefolie wickeln und zum Aushärten in den Kühlschrank stellen.
5. Hält sich 1 Woche lang. Nicht sofort benötigte Mengen einfrieren.

Rotwein-Zwiebel-Butter

Zutaten für 350 g

160 g Zwiebeln
150 g Rotwein
250 g zimmerwarme Süßrahmbutter
1 TL Kräutersalz
½ TL Pfeffer

1. Zwiebeln schälen, vierteln, in den Mixtopf geben, **5 Sek./Stufe 5/mit MB** hacken und spateln.
2. Rotwein dazugießen und **10 Min./Varoma/Stufe 1/ohne MB** dünsten.
3. Übrigen Rotwein abgießen (ist nur sehr wenig), die Zwiebeln im Topf auskühlen lassen.
4. Die Butter in Stücke schneiden und mit Kräutersalz und Pfeffer in den Mixtopf geben und **15 Sek./Stufe 4/mit MB** mixen, Vorgang wiederholen.
5. Die Buttermasse in eine Schüssel oder Butterform (vorher wässern) füllen oder einfach in Frischhaltefolie wickeln. In den Kühlschrank stellen und fest werden lassen.

FÜNF-SEKUNDEN-STUFE-FÜNF-AUFSTRICHE: EXTRAFIX!

Kokosnuss-Avocado-Aufstrich

Zutaten für 170 g

2 Avocados
100 g dicke Kokosmilch
2 EL Honig

Schmeckt sehr gut mit frischen Früchten wie Heidelbeeren, Himbeeren, Erdbeeren oder Kiwis.

1. Die zwei Avocados halbieren, Kerne entfernen, das Fruchtfleisch aus der Schale löffeln, in kleine Stücke schneiden und in den Mixtopf geben.
2. Kokosmilch und Honig dazugeben, alles **5 Sek./Stufe 5/mit MB** mixen. Nach Wunsch Vorgang wiederholen.
3. In eine Schüssel umfüllen und genießen.

Ein Käse steht im Walde

Zutaten für 300 g

200 g Brie
Kresse zum Garnieren
2 Zwiebeln
10 g frischer Meerrettich (alternativ 1 TL Meerrettich aus dem Glas)
100 g Frischkäse
100 g TK-Preiselbeeren
½ TL Kräutersalz
¼ TL Pfeffer

1. Brie in Stücke schneiden. Kresse abschneiden, waschen, trocken schütteln und beiseitelegen.
2. Zwiebeln schälen und vierteln. Meerrettich schälen und reiben.
3. Alle Zutaten (bis auf die Kresse) im Mixtopf **5 Sek./Stufe 5/mit MB** mixen.
4. Käseaufstrich in eine Schüssel umfüllen und mit der Kresse garniert servieren.

Mapama-Aufstrich (Mango-Paprika-Mascarpone)

Zutaten für 450 g

- ½ Mango
- 100 g Magerquark
- 200 g Frischkäse
- 1 EL Honig
- ½ TL Kräutersalz
- ½ TL Pfeffer
- ½ TL Paprikapulver
- ½ TL Curry oder Smoked Curry

1. Mango schälen, 150 g Fruchtfleisch vom Kern abschneiden und grob würfeln.
2. Mit den restlichen Zutaten in den Mixtopf geben und **5 Sek./Stufe 5/ mit MB** mixen.
3. Wer den Aufstrich etwas cremiger mag, wiederholt den Vorgang noch einmal.
4. Im Kühlschrank 2 Tage lang haltbar.

Schmeckt herrlich zu Weißbrot und allen Fleisch- und Fischgerichten.

Mandarinen-Frischkäse

Zutaten für 250 g

4 Lauchzwiebeln
1 Dose Mandarinen (314 ml)
200 g Frischkäse
25 g Pinienkerne
⅓ TL Salz
1 Prise Cayennepfeffer
1 TL mildes Currypulver

1. Lauchzwiebeln putzen, waschen und in feine Röllchen aufschneiden.
2. Mandarinen in ein Sieb schütten und abtropfen lassen. Mit den anderen Zutaten (außer den Lauchzwiebeln) in den Mixtopf geben und **5 Sek./Stufe 5/mit MB** mixen.
3. Aufstrich in eine Schüssel umfüllen und mit den Lauchzwiebeln bestreut servieren. Innerhalb von 2 Tagen verbrauchen.

Scharfe Dattel

Zutaten für 300 g

150 g entsteinte Datteln
200 g Frischkäse
1 EL Chilipaste (siehe Seite 12)
½ TL Kräutersalz
¼ TL Pfeffer

1. Alle Zutaten im Mixtopf **5 Sek./Stufe 5/mit MB** mixen.
2. Paste in ein Schraubglas füllen und am besten noch 1 Stunde im Kühlschrank durchziehen lassen.

Guko-Aufstrich

Zutaten für 300 g

150 g Bio-Gurke
1 TL frische oder TK-Kräuter
1 EL Knoblauchpaste (siehe Seite 12)
200 g Frischkäse
½ TL Salz
¼ TL Pfeffer
¼ TL Paprikapulver
1 Spritzer Zitronensaft

1. Gurke längs halbieren, Kerne mit einem Löffel herausschaben und Fruchtfleisch in 3 cm große Stücke schneiden.
2. Frische Kräuter waschen, trocken schütteln und hacken, mit den restlichen Zutaten in den Mixtopf geben und alles **5 Sek./Stufe 5/mit MB** mixen.
3. In eine Schüssel umfüllen und genießen.

Eignet sich auch gut zum Dippen von Gemüse, Tortillas, Grissini, Brezen oder einfach auf Brot.

Red Sonja

Zutaten für 450 g

15 frische Basilikumblätter
100 g Schafskäse
200 g Frischkäse
70 g mildes Ajvar
100 g Cocktailtomaten
1 EL Knoblauchpaste (siehe Seite 12)
½ TL Kräutersalz
¼ TL Pfeffer

1. Basilikum waschen, trocken schütteln und mit einer Schere direkt in den Mixtopf schneiden.
2. Schafskäse in Stücke schneiden. Tomaten waschen, abtropfen, vierteln.
3. Alle Zutaten in den Mixtopf geben und **5 Sek./Stufe 5/mit MB** mixen.
4. Umfüllen, innerhalb von 2 Tagen verbrauchen.

Schokofee-Aufstrich

Zutaten für 350 g

250 g Karamell-Nuss-Schoko-Pralinen (z. B. Toffifee)
70 g Butter
70 g Sahne

1. Alle Zutaten in den Mixtopf geben und **5 Sek./Stufe 5/mit MB** hacken.
2. In ein Schraubglas umfüllen, innerhalb von 1 Woche verbrauchen.

Für eine noch cremigere Variante die Creme **3 Min/70 °C/Stufe 2/ohne MB** erwärmen. In eine Schüssel umfüllen und im Kühlschrank fest werden lassen.

Espresso on tour

Zutaten für 200 g

25 g Espresso, ausgekühlt
80 g Frischkäse
100 g Quark, 20 % Fett
40 g Zucker

Wer mag, bestreut die Creme oder das fertig bestrichene Brot mit etwas Haselnusskrokant (erst kurz vor dem Essen, der Krokant weicht sonst durch).

1. Alle Zutaten in den Mixtopf wiegen und **5 Sek./Stufe 5/mit MB** mixen.
2. Umfüllen, innerhalb von 3 Tagen verbrauchen.

Quark liebt Honig

Zutaten für 300 g

50 g gehackte Pistazien
250 g Speisequark, 20 % oder 40 %
2 EL Honig
1 EL Orangenlikör
1 TL Orangenabrieb

1. Die Pistazien in eine Pfanne ohne Fett geben und unter Rühren 2 Minuten anrösten, dann kurz abkühlen lassen.
2. Restliche Zutaten in den Mixtopf geben, **5 Sek./Stufe 5/mit MB** mixen.
3. Die Creme mit den Pistazien bestreut servieren.

Schmeckt gut zu Fruchtsalat, karamellisierten Bananen und Ananas oder Schokoladenfondue.

Schafskäse-Allerlei

Zutaten für 300 g

200 g Schafskäse
150 g griechischer Schafskäsejoghurt
1 Prise Pfeffer
1 TL Honig

Schafskäse klein schneiden und mit den restlichen Zutaten in den Mixtopf geben. **5 Sek./Stufe 5/mit MB** mixen.

Umfüllen, innerhalb von 3 Tagen verbrauchen.

Brotscheiben mit dem Aufstrich bestreichen, mit halbierten Cocktailtomaten und frischen Kräutern (Oregano, Basilikum, Thymian) belegen und genießen.

BROT

Im Thermomix® wird das Brotbacken zum Kinderspiel, wenn man ein paar Regeln beachtet: Den Teig knetet der Mixtopf ganz allein, ohne Mühe und mit einem hervorragenden Ergebnis!

Die Hefe benötigt etwas Zeit zum Gehen. Und die sollte man ihr auch geben, um ein gutes Ergebnis zu erzielen. So bekommt man ein herrlich fluffiges Brot.

Beim Gehen braucht der Teig die richtige Temperatur. Was er nicht mag: Kälte und Zugluft. Rohen Teig im Mixtopf (oder einer Schüssel) abgedeckt an einen warmen Platz stellen, Teiglinge abdecken.

Nach dem ersten Gehen sollte sich das Volumen des Teiges deutlich vergrößert haben, teilweise wird er sogar doppelt so groß.

Nun das Brot oder die Brötchen kurz durchkneten, aber nicht zu fest, es soll ja nicht alle Luft wieder herausgepresst werden. Den Teig nochmals rund 20 Minuten lang mit einem sauberen Tuch abgedeckt gehen lassen, bis sein Volumen sich erneut vergrößert hat (nun nicht mehr so stark wie beim ersten Gehen).

Zum Backen braucht es keinen Hightech-Backofen. Aber heiß muss er sein!

Für eine schöne Kruste am besten mit einer ausrangierten Blumenspritze oder einer Sprühflasche ordentlich Wasser in den heißen Backofen sprühen, bevor das Brot in den Ofen kommt.

Erst wird der Ofen auf 250 °C Ober-Unterhitze (keine Umluft verwenden) aufgeheizt, dann mit Wasser einsprühen, jetzt Brot oder Brötchen hineinschieben (mittlere Schiene).

Nach etwa 5 Minuten wird die Hitze entsprechend dem jeweiligen Rezept reduziert.

Das Brot ist fertig, wenn es hohl klingt, wenn man mit dem Zeigefingerknochen auf die Unterseite klopft. Außerdem sollte es etwas Farbe angenommen haben, aber nicht zu dunkel sein!

Jeder Backofen hat individuelle Backzeiten, die Angaben hier können daher nur Richtwerte sein!

Nach dem Herausnehmen aus dem Ofen Brot auf einem Gitter abkühlen lassen, denn das Brot schwitzt schnell.

Erst abgekühlt aufschneiden und in einem Brotbeutel oder einer Brotdose aufbewahren. Da unser Brot keine Konservierungsstoffe enthält, sollte es bald gegessen werden. Oder Sie frieren einen Teil davon (ausgekühlt) ein.

Kastenweißbrot

Zutaten für 1 Brot

1 Würfel Frischhefe, 42 g
1 TL Zucker
3 MB lauwarmes Wasser
50 g weiche Butter
500 g Pizzamehl Typ 0
1 TL Steinsalz
Butter zum Einfetten

Kastenbackform

1. Die Hefe in den Mixtopf bröseln, Zucker und lauwarmes Wasser zufügen, **3 Min./37 °C/Stufe 1/ohne MB** auflösen. Butter zugeben, **½ Min./37 °C/Stufe 1/ohne MB** schmelzen.
2. Mehl und Salz in den Mixtopf wiegen, **4 Min./Teigstufe/ohne MB** kneten.
3. Den Teig im Mixtopf abgedeckt ca. 20 Minuten gehen lassen, bis er sich deutlich vergrößert hat.
4. Anschließend Teig **30 Sek./Teigstufe/ohne MB** kneten. In die gefettete Kastenform füllen, mit der Hand gut hineindrücken. Abgedeckt weitere 15–20 Minuten lang gehen lassen.
5. Backofen auf 220 °C Ober-/Unterhitze aufheizen.
6. Etwas Wasser in den Ofen sprühen.
7. Bevor das Weißbrot in den Ofen kommt, längs 0,5 cm tief einschneiden.
8. Brot auf der mittleren Schiene 35–40 Minuten lang goldbraun backen, dabei Hitze nach 5 Minuten auf 180 °C reduzieren.
9. Wenn das Brot fertig ist, aus dem Ofen nehmen und in der Form abkühlen lassen.

Brötchen

Zutaten für 6 große Brötchen

- 2/3 Würfel Frischhefe, 28 g (oder 1 Packung Trockenhefe)
- 1/2 EL Zucker
- 4 MB lauwarmes Wasser
- 25 g Sonnenblumenöl
- 250 g Dinkelmehl 630
- 450 g Pizzamehl Typ 0
- 10 g Salz
- 1 Beutel Flüssigsauerteig
- Mehl zum Kneten
- nach Belieben 2 EL Mohn, Sesam oder Sonnenblumenkerne

1. Für den Hefeansatz die Hefe zerbröseln und in eine Tasse geben, Zucker und 1 MB lauwarmes Wasser dazugeben, mit einem Plastiklöffel verrühren und 10 Minuten zugedeckt gehen lassen.
2. Mixtopf bis an den Topfrand mit dem Sonnenblumenöl ausstreichen. Mehl, Salz, Hefeansatz, Sauerteig und 3 MB lauwarmes Wasser zugeben, **4 Min./ Teigstufe/ohne MB** kneten.
3. Teig im Mixtopf zugedeckt 40–60 Minuten an einem warmen Platz gehen lassen.
4. Arbeitsfläche mit Mehl bestreuen, Teig daraufschütten und in 6 gleich große Stücke aufteilen. Mit den Ballen der Hand kurz Brötchen formen. Diese auf ein mit Backpapier belegtes Backblech setzen, sternförmig einschneiden (nicht tiefer als 0,5 cm), abdecken und 10–15 Minuten gehen lassen.
5. Backofen auf 250 °C Ober-/Unterhitze vorheizen.
6. Sind die Brötchen deutlich größer geworden, mit etwas Wasser besprühen und nach Belieben mit Mohn, Sesam oder Sonnenblumenkernen bestreuen.
7. Gründlich Wasser in den Ofen sprühen.
8. Brötchen in den Ofen (mittlere Schiene) geben und 5 Minuten lang backen. Dann Temperatur auf 200 °C reduzieren und etwa 15 Minuten weiterbacken, bis die Brötchen schön gebräunt sind und es hohl klingt, wenn man mit dem Finger auf die Unterseite klopft.
9. Brötchen aus dem Ofen nehmen und auf einem Gitter oder auf dem Blech umgedreht abkühlen lassen.

Dinkelbaguettes

Zutaten für 3 große oder 4 kleinere Baguettestangen

½ Würfel Frischhefe, 21 g
1 TL Zucker
4 MB lauwarmes Wasser
30 g Sonnenblumenöl
700 g Dinkelmehl 650 (oder 450 g Dinkelmehl 630 und 250 g Dinkelvollkornmehl)
1 ½ TL Ursteinsalz
Mehl zum Kneten

1. Für den Hefeansatz die Hefe zerbröseln und in eine Tasse geben, Zucker und 1 MB lauwarmes Wasser dazugeben, mit einem Plastiklöffel verrühren und zugedeckt 10 Minuten lang gehen lassen.
2. Mixtopf bis an den Topfrand mit dem Sonnenblumenöl ausstreichen. Mehl, Salz, Hefeansatz und 3 MB lauwarmes Wasser zugeben, **4 Min./Teigstufe/ohne MB** kneten.
3. Teig im Mixtopf zugedeckt 40–60 Minuten an einem warmen Platz gehen lassen.
4. Arbeitsfläche mit etwas Mehl bestreuen. Teig daraufschütten und in 3 gleich große Stücke teilen. Teiglinge gut durchkneten, dann blechlange Stangen for-men und diese auf ein mit Backpapier belegtes Backblech legen. Abgedeckt 15–20 Minuten gehen lassen.
5. Backofen auf 250 °C Ober-/Unterhitze vorheizen.
6. Baguettes je 3-mal schräg leicht einschneiden.
7. Wenn Körner daraufsollen, mit Wasser einpinseln oder einsprühen, Körner daraufstreuen.
8. Gründlich Wasser in den Ofen sprühen.
9. Blech in den Ofen (mittlere Schiene) geben und Baguettes 5 Minuten lang backen. Dann Temperatur auf 220 °C reduzieren und 20 Minuten weiterbacken, bis sie schön gebräunt sind und es hohl klingt, wenn man mit dem Finger auf die Unterseite klopft.
10. Brote aus dem Ofen nehmen und auf einem Gitter oder umgedreht abkühlen lassen.

Die Teigrohlinge vor dem Backen mit etwas Wasser einpinseln und mit Sesam, Mohn, Sonnenblumen- oder Kürbiskernen bestreuen. So erhält man leckere Körnerbaguettes.

Sehr gut werden die Baguettes, wenn man noch 1 Beutel Bio-Sauerteig flüssig mitknetet.

Eiweißbrot

Zutaten für 1 Brot

100 g Sonnenblumenkerne
50 g Pekannüsse
70 g Leinsamen
100 g ganze Mandeln
80 g Quinoa, gepoppt
2 EL Weizenvollkornmehl
½ TL Steinsalz
1 ½ Packung Backpulver
250 g Magerquark
150 g Speisequark, 20 %
4 Eier, M
1 EL Mohnsamen

Kastenbackform

1. Alle festen Zutaten in den Mixtopf geben und **15 Sek./Stufe 6 mit MB** zerkleinern. Spateln und Vorgang wiederholen.
2. Flüssigkeit des Quarks abgießen und diesen dann mit den Eiern zugeben, **3 Min./Knetstufe/mit MB** kneten.
3. Eine Kastenform mit angefeuchtetem Backpapier auslegen, auch in die Ecken drücken.
4. Teig aus dem Mixtopf direkt in die Form stürzen, dabei die Konterschraube auf der Unterseite hin- und herdrehen, damit sich Teigreste besser lösen.
5. Das Brot an einem warmen Ort abgedeckt 45 Minuten ruhen lassen.
6. Mit etwas Wasser einpinseln und mit dem Mohn bestreuen.
7. Backofen 210 °C Ober-/Unterhitze vorheizen.
8. Das Brot auf der mittleren Schiene ca. 60 Minuten backen.
9. Holzspießtest durchführen: Das Brot ist fertig, wenn keine Teigreste mehr am Spieß haften bleiben, wenn man ihn mittig hineinsticht (eventuell 5–10 Minuten nachbacken).
10. Das fertige Brot aus dem Ofen holen, aus der Backform stürzen (Küchenhandschuhe anziehen) und auskühlen lassen.
11. In Butterbrotpapier eingewickelt, an einem kühlen Ort (nicht im Kühlschrank) aufbewahren.

Rosmarin-Ciabatta

Zutaten für 3 Stück

½ Würfel Frischhefe, 21 g (oder 1 Päckchen Trockenhefe)
½ EL Zucker
4 MB lauwarmes Wasser
25 g Olivenöl + 3 EL zum Kneten
250 g Dinkelmehl 630
450 g Pizzamehl Typ 0
10 g Salz
nach Belieben 1 Beutel Flüssigsauerteig
1 ½ TL gehackter Rosmarin (frisch oder getrocknet)
Mehl zum Kneten und Bestreuen

1. Für den Hefeansatz die Hefe zerbröseln und in eine Tasse geben, Zucker und 1 MB lauwarmes Wasser dazugeben, mit einem Plastiklöffel verrühren und 10 Minuten lang zugedeckt gehen lassen.
2. Mixtopf bis an den Topfrand mit dem Olivenöl ausstreichen.
3. Mehl, Salz, Hefeansatz, eventuell Sauerteig, Rosmarin und 3 MB lauwarmes Wasser zugeben, **4 Min./Teigstufe/ohne MB** kneten.
4. Teig im Mixtopf abgedeckt 40–60 Minuten an einem warmen Platz gehen lassen.
5. Arbeitsfläche mit Mehl bestreuen. Teig daraufschütten und in 3 gleich große Stücke teilen. Jeweils 1 EL Olivenöl in die Hand geben und jeden Teigling gut durchkneten, dann ovale Brote formen. Mit Wasser einpinseln und mit etwas Rosmarin bestreuen. Auf ein mit Backpapier belegtes Backblech setzen. Abgedeckt 15–20 Minuten gehen lassen.
6. Backofen auf 250 °C Ober-/Unterhitze vorheizen.
7. Gründlich Wasser in den Ofen sprühen.
8. Ciabatta in den Ofen (mittlere Schiene) geben und 5 Minuten lang backen. Dann Temperatur auf 220 °C reduzieren und etwa 18 Minuten weiterbacken, bis die Brote schön gebräunt sind und es hohl klingt, wenn man mit dem Finger auf die Unterseite klopft.
9. Brote aus dem Ofen holen und auf einem Gitter oder umgedreht abkühlen lassen.

Bildnachweis

S. 17, S. 18, S. 30, S. 34, S. 36, S. 38, S. 39, S. 42, S. 48, S. 49, S. 50, S. 51, S. 52, S. 53, S. 55, S. 60, S. 61, S. 68, S. 69, S. 76, S. 79, S. 81, S. 83, S. 84, S. 89, S. 91, S. 95: Charly Till; S. 10: Africa Studio/Shutterstock.com; S. 11: bozulek/Shutterstock.com; S. 14: vm2002/Shutterstock.com, Nataliya Arzamasova/Shutterstock.com; S. 15: Timolina/Shutterstock.com; S. 16: Oksana Mizina/Shutterstock.com; S. 19: stockcreations/Shutterstock.com; S. 23: Ildi Papp/Shutterstock.com; S. 24: DarZel/Shutterstock.com; S. 25: Aneta_Gu/Shutterstock.com; S. 26: zi3000/Shutterstock.com; S. 28: Viktor1/Shutterstock.com; S. 31: GooDween123/Shutterstock.com; S. 32: belizar/Shutterstock.com; S. 33: Karl Allgaeuer/Shutterstock.com; S. 35: sarsmis/Shutterstock.com; S. 43: grafvision/Shutterstock.com; S. 50: Tatiana Vorona/Shutterstock.com; S. 54: Andrew Riverside/Shutterstock.com; S. 56: ziashusha/Shutterstock.com; S. 58: Nataliya Arzamasova/Shutterstock.com; S. 59: MaraZe/Shutterstock.com; S. 59: AlenaKogotkova/Shutterstock.com; S. 60: Piotr Krzeslak/Shutterstock.com; S. 62: AnjelikaGr/Shutterstock.com; S. 64: baibaz/Shutterstock.com; S. 65: Nataliya Arzamasova/Shutterstock.com; S. 70: aliasemma/Shutterstock.com; S. 71: ILEISH ANNA/Shutterstock.com; S. 75: rukxstockphoto/Shutterstock.com; S. 78: nuruddean/Shutterstock.com; S. 82: Melica/Shutterstock.com; S. 85: Barbara Neveu/Shutterstock.com; S. 86: Stepanek Photography/Shutterstock.com; S. 88: Janet Moore/Shutterstock.com; S. 93: Veebee Design/Shutterstock.com